THÈSES

PRÉSENTÉES

A LA FACULTÉ DES SCIENCES DE PARIS

POUR OBTENIR

LE GRADE DE DOCTEUR ÈS SCIENCES MATHÉMATIQUES,

Par M. PUJET,

ANCIEN ÉLÈVE DE L'ÉCOLE NORMALE, AGRÉGÉ DE L'UNIVERSITÉ,
PROFESSEUR DE MATHÉMATIQUES AU LYCÉE DE RENNES.

1re **THÈSE.** — DES QUADRATURES.

2e **THÈSE.** — MÉMOIRE DE MÉCANIQUE ANALYTIQUE.

Soutenues le **Juillet 1868, devant la Commission d'Examen.**

MM. SERRET, *Président.*

BRIOT,

BOUQUET, *Examinateurs.*

PARIS,

GAUTHIER-VILLARS, IMPRIMEUR-LIBRAIRE

DE L'ÉCOLE IMPÉRIALE POLYTECHNIQUE, DU BUREAU DES LONGITUDES,

SUCCESSEUR DE MALLET-BACHELIER,

Quai des Augustins, 55.

1868

N° D'ORDRE
300.

THÈSES

PRÉSENTÉES

A LA FACULTÉ DES SCIENCES DE PARIS

POUR OBTENIR

LE GRADE DE DOCTEUR ÈS SCIENCES MATHÉMATIQUES,

Par M. PUJET,

ANCIEN ÉLÈVE DE L'ÉCOLE NORMALE, AGRÉGÉ DE L'UNIVERSITÉ,
PROFESSEUR DE MATHÉMATIQUES AU LYCÉE DE RENNES.

1re **THÈSE.** — DES QUADRATURES.

2e **THÈSE.** — MÉMOIRE DE MÉCANIQUE ANALYTIQUE.

Soutenues le Juillet 1868, devant la Commission d'Examen.

MM. SERRET, *Président.*

BRIOT,
BOUQUET, | *Examinateurs.*

PARIS,

GAUTHIER-VILLARS, IMPRIMEUR-LIBRAIRE

DE L'ÉCOLE IMPÉRIALE POLYTECHNIQUE, DU BUREAU DES LONGITUDES,

SUCCESSEUR DE MALLET-BACHELIER,

Quai des Augustins, 55.

1868

ACADÉMIE DE PARIS

FACULTÉ DES SCIENCES DE PARIS.

DOYEN...................... MILNE EDWARDS, Professeur. Zoologie, Anatomie, Physiologie.

PROFESSEURS HONORAIRES
{ LEFÉBURE DE FOURCY.
DUMAS.
BALARD.

PROFESSEURS..............

DELAFOSSE............... Minéralogie.
CHASLES .... Géométrie supérieure.
LE VERRIER............. Astronomie.
DUHAMEL.............. Algèbre supérieure.
LAMÉ .... Calcul des probabilités, Physique mathématique.
DELAUNAY.............. Mécanique physique.
C. BERNARD............. Physiologie générale.
P. DESAINS............. Physique.
LIOUVILLE............. Mécanique rationnelle.
HÉBERT................ Géologie.
PUISEUX .... Astronomie.
DUCHARTRE............ Botanique.
JAMIN................ Physique.
SERRET................ Calcul différentiel et intégral.
PAUL GERVAIS.......... Anatomie, Physiologie comparée, Zoologie.
H. Ste-CLAIRE DEVILLE... Chimie (1er semestre).
PASTEUR .... Chimie (2e semestre).

AGRÉGÉS..................
{ BERTRAND.... ....
J. VIÉILLE.............. } Sciences mathématiques.
PELIGOT.............. .. Sciences physiques.

SECRÉTAIRE .... PHILIPPON.

Paris. — Imprimerie de GAUTHIER-VILLARS, successeur de MALLET-BACHELIER,
Rue de Seine-Saint-Germain, 10, près l'Institut.

PREMIÈRE THÈSE.

DES QUADRATURES.

Les différentes méthodes de quadrature approximative sont :

1° La méthode des trapèzes.

2° La méthode de Sympson.

3° La méthode de Cotes, qui consiste à remplacer dans les limites considérées une courbe quelconque par une parabole de degré n ayant avec elle $n + 1$ points communs. La surface est alors donnée par la formule

$$\int_0^1 y\,dx = A_0 y_0 + A_1 y_1 + A_2 y_2 + \ldots + A_n y_n,$$

dans laquelle $y_0, y_1, y_2, \ldots, y_n$ sont les $n + 1$ ordonnées de la courbe correspondantes aux abscisses $0, \dfrac{1}{n}, \dfrac{2}{n}, \ldots, \dfrac{n-1}{n}, 1$, et $A_0, A_1, A_2, \ldots, A_{n-1}, A_n$, des nombres calculés à l'avance, et qui ne dépendent que du degré de la parabole. Les coefficients A_k et A_{n-k} correspondants aux abscisses également éloignées des extrêmes sont d'ailleurs égaux pour tous les degrés, comme l'a démontré Gauss.

4° La méthode de Gauss, qui a simplifié la méthode de Cotes, en n'employant que n ordonnées convenablement déterminées où celui-ci en aurait employé $2n$.

Pour atteindre ce résultat, Gauss considère une fonction développée

1.

(4)

en série convergente ordonnée suivant les puissances croissantes de x, et se propose, en calculant l'erreur que la méthode de quadrature approchée fait commettre sur chaque terme, d'annuler l'influence du plus grand nombre de termes possible ; c'est ainsi qu'il arrive, en ayant recours aux théories des hautes mathématiques, à montrer qu'au moyen de n ordonnées convenablement déterminées on rejette le commencement des erreurs au delà du $2n^{ième}$ terme de la série, et à donner la loi de ces ordonnées.

Après lui, Jacobi démontre la même loi de la manière suivante : il se propose de déterminer la fonction de degré $n + 1$

$$T = (x - a_0)(x - a_1)\ldots(x - a_n),$$

par laquelle il faut multiplier une fonction entière Q du degré n, pour que l'intégrale

$$\int_a^b T.Q\,dx,$$

évaluée par la méthode approchée, soit exacte, et il trouve, par une série d'intégrations par parties,

$$T = \frac{d^{n+1}\left[(x - a)^{n+1}(x - b)^{n+1}\right]}{dx^{n+1}};$$

et comme, étant donnée une fonction entière P de degré $2n + 1$, on peut toujours poser

$$P = T.Q + R,$$

Q étant un polynôme du degré n, ainsi que R, il en résulte qu'on a, au moyen des $n + 1$ ordonnées correspondantes aux $n + 1$ racines de l'équation $T = o$, l'évaluation exacte de l'intégrale $\int_a^b P\,dx$.

Quant au calcul des coefficients A, Gauss l'a ramené à celui des valeurs que prend une certaine fraction rationnelle, et par suite une certaine fonction entière pour les valeurs de x correspondantes aux abscisses à choisir.

Se plaçant au point de vue restreint de donner une démonstration élémentaire du théorème de Gauss, un savant allemand, le professeur

Brestschneider (*), y est arrivé en partant du développement suivant, donné en 1812 par Buzengeiger :

$$\int f(x+y)\,dy$$
$$= \int f(x)\,dx - y[\mathrm{A}f(x+\alpha y) + \mathrm{B}f(x+\beta y) + \Gamma f(x+\gamma y) + \ldots + \mathrm{N}f(x+\nu y)]$$
$$+ yf(x)(1 + \mathrm{A} + \mathrm{B} + \Gamma + \ldots + \mathrm{N})$$
$$+ \frac{y^2}{1}\frac{df(x)}{dx}\left(\frac{1}{2} + \mathrm{A}\alpha + \mathrm{B}\beta + \Gamma\gamma + \ldots + \mathrm{N}\nu\right)$$
$$+ \frac{y^3}{1.2}\frac{d^2f(x)}{dx^2}\left(\frac{1}{3} + \mathrm{A}\alpha^2 + \mathrm{B}\beta^2 + \Gamma\gamma^2 + \ldots + \mathrm{N}\nu^2\right)$$
$$\ldots\ldots\ldots\ldots\ldots\ldots\ldots\ldots\ldots\ldots\ldots\ldots ,$$

et cherchant à déterminer les nombres A, B, Γ, ..., N, α, β, γ, ..., ν, par la condition que les $2n$ premiers termes de ce développement soient nuls ; il obtient ainsi les équations du premier degré qu'il a résolues d'une manière encore assez compliquée.

Il y a enfin sur le même sujet un Mémoire important de M. Christoffel dans le tome LV du *Journal de Crelle*. Ce savant ramène, lorsque les limites de l'intégration sont -1 et $+1$, le calcul des coefficients A à celui des valeurs que prend la fonction

$$2\left(\frac{1.2.3\ldots n}{1.3.5\ldots(2n-1)}\right)^2 \Big/ (1-x^2)[f'(x)]^2 ,$$

dans laquelle $f'(x)$ représente la dérivée du premier membre de l'équation qui donne les abscisses à choisir.

Je me propose, dans ce Mémoire, de faire une étude à peu près complète et presque élémentaire de l'aire d'un segment parabolique. Ma méthode, qui se recommande par son double caractère de simplicité et d'invention, m'a permis d'établir, outre le théorème de Gauss et le résultat trouvé par M. Christoffel, quelques énoncés intéressants sur les paraboles qui ne ressortent pas des théories précédentes, et de prévoir, ce qui n'a pas encore été fait, que je sache, le cas où il manquerait plusieurs termes au commencement du développement en série, ainsi que

---

(*) *Programm des herzoglichen Realgymnasiums zu Gotha*, 1849.

celui où il n'y aurait dans le développement que des termes d'un degré d'un certain ordre de multiplicité. Elle m'a d'ailleurs conduit très-simplement à la fraction rationnelle qui fournit les coefficients A, et même j'indiquerai à ce propos une manière plus élémentaire que celles de Gauss et d'Abel de calculer les fonctions entières qui prennent pour les racines d'une équation algébrique les mêmes valeurs numériques qu'une fraction rationnelle donnée. Je montrerai, en outre, que cette méthode peut s'étendre à l'évaluation de la portion du volume compris entre une certaine classe de surfaces, le plan des xy et un plan parallèle quelconque $z = h$; puis faisant quelques applications, je serai amené à conclure, du théorème de Gauss, une nouvelle formule de quadrature, obtenue en employant des arcs de parabole du troisième degré, et que j'appliquerai au calcul approché de π et de $l.\,2$. Enfin, je terminerai par une démonstration géométrique du résultat que fournit la méthode de Cotes dans le cas d'une surface réglée quelconque et d'une sphère. Ce résultat, connu depuis longtemps, était démontré par M. J. Bertrand dans son Cours de calcul différentiel et intégral à l'École Normale supérieure en 1861; c'est lui qui a servi de point de départ à mes recherches.

§ 1. — *Aire d'un segment parabolique.*

Considérons la fonction parabolique du degré $ni + \alpha$

$$y = x^{\alpha}\left[a + bx^{i} + cx^{2i} + dx^{3i} + \ldots + kx^{(n-1)i} + lx^{ni}\right],$$

et proposons-nous d'évaluer l'aire

$$S = \int_{0}^{h} y\,dx.$$

Cet aire s'exprime immédiatement au moyen des coefficients, et l'on a

$$S = h^{\alpha+1}\left(\frac{a}{\alpha+1} + \frac{bh^{i}}{\alpha+i+1} + \frac{ch^{2i}}{\alpha+2i+1} + \frac{dh^{3i}}{\alpha+3i+1} + \ldots + \frac{kh^{(n-1)i}}{\alpha+(n-1)i+1} + \frac{lh^{ni}}{\alpha+ni+1}\right).$$

Nous voulons l'exprimer au moyen des $n + 1$ ordonnées correspondantes aux $n + 1$ abscisses quelconques

$$x_0 h, \quad x_1 h, \quad x_2 h, \ldots, \quad x_n h.$$

Soient $y_0, y_1, y_2, \ldots, y_n$, ces ordonnées, on doit avoir entre elles et les abscisses en question les $n + 1$ relations

$$y_0 = x_0^\alpha h^\alpha \left[a + b x_0^i h^i + c x_0^{2i} h^{2i} + \ldots + k x_0^{(n-1)i} h^{(n-1)i} + l x_0^{ni} \right],$$

$$y_1 = x_1^\alpha h^\alpha \left[a + b x_1^i h^i + c x_1^{2i} h^{2i} + \ldots + k x_1^{(n-1)i} h^{(n-1)i} + l x_1^{ni} \right],$$

$$y_2 = x_2^\alpha h^\alpha \left[a + b x_2^i h^i + c x_2^{2i} h^{2i} + \ldots + k x_2^{(n-1)i} h^{(n-1)i} + l x_2^{ni} \right],$$

$$\ldots\ldots\ldots\ldots\ldots\ldots\ldots\ldots\ldots\ldots\ldots\ldots\ldots\ldots\ldots\ldots\ldots,$$

$$y_n = x_n^\alpha h^\alpha \left[a + b x_n^i h^i + c x_n^{2i} h^{2i} + \ldots + k x_n^{(n-1)i} h^{(n-1)i} + l x_n^{ni} \right];$$

ajoutons-les membre à membre, après avoir multiplié la première par $A_0 h$, la seconde par $A_1 h, \ldots$, et la $(n + 1)^{ième}$ par $A_n h$, on trouve

$$h \left(A_0 y_0 + A_1 y_1 + A_2 y_2 + \ldots + A_n y_n \right)$$
$$= h^{\alpha+1} \left[a \left(A_0 x_0^\alpha + A_1 x_1^\alpha + A_2 x_2^\alpha + \ldots + A_n x_n^\alpha \right) \right.$$
$$+ b h^i \left(A_0 x_0^{\alpha+i} + A_1 x_1^{\alpha+i} + A_2 x_2^{\alpha+i} + \ldots + A_n x_n^{\alpha+i} \right)$$
$$+ c h^{2i} \left(A_0 x_0^{\alpha+2i} + A_1 x_1^{\alpha+2i} + A_2 x_2^{\alpha+2i} + \ldots + A_n x_n^{\alpha+2i} \right)$$
$$\ldots\ldots\ldots\ldots\ldots\ldots\ldots\ldots\ldots\ldots\ldots\ldots\ldots\ldots\ldots$$
$$\left. + l h^{ni} \left(A_0 x_0^{\alpha+ni} + A_1 x_1^{\alpha+ni} + A_2 x_2^{\alpha+ni} + \ldots + A_n x_n^{\alpha+ni} \right) \right],$$

et l'on voit qu'on pourra poser

$$(1) \qquad S = h \left(A_0 y_0 + A_1 y_1 + A_2 y_2 + \ldots + A_n y_n \right),$$

pourvu qu'on établisse entre $A_0, A_1, A_2, \ldots, A_n, x_0, x_1, x_2, \ldots, x_n$, les $n + 1$ relations :

$$(2) \quad \begin{cases} A_0 x_0^\alpha + A_1 x_1^\alpha + A_2 x_2^\alpha + \ldots + A_n x_n^\alpha = \dfrac{1}{\alpha + 1}, \\[2mm] A_0 x_0^{\alpha+i} + A_1 x_1^{\alpha+i} + A_2 x_2^{\alpha+i} + \ldots + A_n x_n^{\alpha+i} = \dfrac{1}{\alpha + 1 + i}, \\[2mm] A_0 x_0^{\alpha+2i} + A_1 x_1^{\alpha+2i} + A_2 x_2^{\alpha+2i} + \ldots + A_n x_n^{\alpha+2i} = \dfrac{1}{\alpha + 1 + 2i}, \\[2mm] \ldots\ldots\ldots\ldots\ldots\ldots\ldots\ldots\ldots\ldots\ldots\ldots\ldots \\[2mm] A_0 x_0^{\alpha+ni} + A_1 x_1^{\alpha+ni} + A_2 x^{\alpha+ni} + \ldots + A_n x_n^{\alpha+ni} = \dfrac{1}{\alpha + 1 + ni}, \end{cases}$$

qui nous permettront de déterminer les coefficients A en fonction des nombres arbitraires x_0, x_1, x_2,..., x_n. Ces nombres étant arbitraires, nous en concluons immédiatement qu'on peut d'une infinité de manières évaluer l'aire proposée au moyen de $n + 1$ ordonnées par la formule (1).

On résout aisément ces équations par rapport aux inconnues A au moyen de la méthode des coefficients indéterminés. Ajoutons-les, après avoir multiplié la première par λ, la deuxième par λ_1,..., et la $n^{ième}$ par λ_{n-1} : il vient

$$\sum_{k=0}^{k=1} A_k\, x_k^{\alpha} \left[\lambda + \lambda_1 x_k^i + \lambda_2 x_k^{2i} + \ldots + \lambda_{n-1} x_k^{(n-1)i} + x_k^{ni} \right]$$
$$= \frac{\lambda}{\alpha+1} + \frac{\lambda_1}{\alpha+1+i} + \frac{\lambda_2}{\alpha+1+2i} + \ldots + \frac{\lambda_{n-1}}{\alpha+1+(n-1)i} + \frac{1}{\alpha+1+ni},$$

d'où l'on tire

$$A_k = \frac{\dfrac{\lambda}{\alpha+1} + \dfrac{\lambda_1}{\alpha+1+i} + \dfrac{\lambda_2}{\alpha+1+2i} + \ldots + \dfrac{\lambda_{n-1}}{\alpha+1+(n-1)i} + \dfrac{1}{\alpha+1+ni}}{x_k^{\alpha}\left[\lambda + \lambda_1 x_k^i + \lambda_2 x_k^{2i} + \ldots + \lambda_{n-1} x_k^{(n-1)i} + x_k^{ni} \right]},$$

λ, λ_1, λ_2,..., λ_n, étant déterminés par les n relations

$$x_0^{\alpha}\left[\lambda + \lambda_1 x_0^i + \lambda_2 x_0^{2i} + \ldots + \lambda_{n-1} x_0^{(n-1)i} + x_0^{ni} \right] = 0,$$

$$x_1^{\alpha}\left[\lambda + \lambda_1 x_1^i + \lambda_2 x_1^{2i} + \ldots + \lambda_{n-1} x_1^{(n-1)i} + x_1^{ni} \right] = 0,$$

$$x_2^{\alpha}\left[\lambda + \lambda_1 x_2^i + \lambda_2 x_2^{2i} + \ldots + \lambda_{n-1} x_2^{(n-1)i} + x_2^{ni} \right] = 0,$$

$$\ldots\ldots\ldots\ldots\ldots\ldots\ldots\ldots\ldots\ldots\ldots\ldots\ldots\ldots\ldots,$$

$$x_{k-1}^{\alpha}\left[\lambda + \lambda_1 x_{k-1}^i + \lambda_2 x_{k-1}^{2i} + \ldots + \lambda_{n-1} x_{k-1}^{(n-1)i} + x_{k-1}^{ni} \right] = 0,$$

$$x_{k+1}^{\alpha}\left[\lambda + \lambda_1 x_{k+1}^i + \lambda_2 x_{k+1}^{2i} + \ldots + \lambda_{n-1} x_{k+1}^{(n-1)i} + x_{k+1}^{ni} \right] = 0,$$

$$\ldots\ldots\ldots\ldots\ldots\ldots\ldots\ldots\ldots\ldots\ldots\ldots\ldots\ldots\ldots,$$

$$x_n^{\alpha}\left[\lambda + \lambda_1 x_n^i + \lambda_2 x_n^{2i} + \ldots + \lambda_{n-1} x_n^{(n-1)i} + x_n^{ni} \right] = 0.$$

qui expriment que x_0^i, x_1^i, x_2^i,..., x_{k-1}^i, x_{k+1}^i,..., x_n^i sont les n racines différentes de o de l'équation du $(n + \alpha)^{i\text{ème}}$ degré

$$x^{\alpha}[\lambda + \lambda_1 x^i + \lambda_2 x^{2i} + \ldots + \lambda_{n-1} x^{(n-1)i} + x^{ni}] = 0,$$

où l'on prendrait pour inconnue x^i et dont le premier membre est par conséquent égal à

$$x^{\alpha}(x^i - x^i_0)(x^i - x^i_1)\ldots(x^i - x^i_{k-1})(x^i - x^i_{k+1})\ldots(x^i - x^i_n).$$

L'identification de ces deux expressions ferait connaître les valeurs de $\lambda, \lambda_1, \ldots, \lambda_{n-1}$, mais on peut éviter ce calcul en remarquant que le numérateur de A_k n'est autre chose que

$$\int_0^1 [\lambda + \lambda_1 x^i + \lambda_2 x^{2i} + \ldots + \lambda_{n-1} x^{(n-1)i} + x^{ni}] x^{\alpha} dx,$$

et l'on voit alors qu'en désignant par $P_n(x^i)$ le produit des $n + 1$ facteurs $(x^i - x^i_0)$, $(x^i - x^i_1)$, $(x^i - x^i_2)$, $\ldots$, $(x^i - x^i_n)$, on a la formule

$$(3) \qquad A_k = \frac{\displaystyle\int_0^1 \frac{x^{\alpha} P_n(x^i)\, dx}{(x^i - x^i_k)}}{x^{\alpha}_k \left[\dfrac{P_n(x^i)}{x^i - x^i_k}\right]_k},$$

où nous représentons par $\left[\dfrac{P_n(x^i)}{x^i - x^i_k}\right]_k$ la valeur que prend le quotient $\dfrac{P_n(x^i)}{x^i - x^i_k}$ pour la valeur x_k de x.

Il n'y a plus qu'à donner dans cette formule à l'indice k toutes les valeurs depuis o jusqu'à n pour avoir les expressions des différents coefficients $A_0, A_1, \ldots, A_n$.

C'est en faisant dans ces expressions $\alpha = 0$ ou $x^{\alpha} = 1$, $i = 1$ et $x_0 = 0$, $x_1 = \dfrac{1}{n}$, $x_2 = \dfrac{2}{n}, \ldots, x_k = \dfrac{k}{n}, \ldots, x_{n-1} = \dfrac{n-1}{n}$, $x_n = 1$ qu'on trouverait les nombres de Cotes.

Gauss a démontré que, dans ces hypothèses, les coefficients A_k et A_{n-k} correspondants aux ordonnées également éloignées des extrèmes sont égaux. On peut généraliser ce résultat, en démontrant que dans les mêmes hypothèses :

Théorème I. — *Les coefficients A_k et A_{n-k} sont égaux toutes les fois que les ordonnées sont deux à deux également éloignées des extrêmes, c'est-à-dire quand on a pour toutes les valeurs de l'indice $x_k + x_{n-k} = 1$.*

Pour le démontrer, il suffit de remarquer qu'après le changement de x en $x' + \frac{1}{2}$, la fonction $P_n(x')$ ne doit contenir que des termes de même parité, parce que les nouvelles variables x'_0, x'_1, x'_2, ..., sont égales deux à deux et de signes contraires. Donc on a, si n est impair,

$$P_n(x') = (x'^2 - x'^2_0)(x'^2 - x'^2_1)(x'^2 - x'^2_2)\cdots\left(x'^2 - x'^2_{\frac{n-1}{2}}\right),$$

et si n est pair,

$$P_n(x') = (x'^2 - x'^2_0)(x'^2 - x'^2_1)\cdots\left(x'^2 - x'^2_{\frac{n-2}{2}}\right)x';$$

et, par conséquent,

$$A_k = \frac{\displaystyle\int_{-\frac{1}{2}}^{+\frac{1}{2}} \frac{P_n(x')\,dx'}{x' - x'_k}}{\left[\dfrac{P_n(x')}{x' - x'_k}\right]_k}, \quad A_{n-k} = \frac{\displaystyle\int_{-\frac{1}{2}}^{+\frac{1}{2}} \frac{P_n(x')\,dx'}{x' + x'_k}}{\left[\dfrac{P_n(x')}{x' + x'_k}\right]_k}.$$

On voit immédiatement que les dénominateurs de ces deux expressions sont égaux et de signes contraires dans le cas où n est impair; qu'ils sont égaux et de mêmes signes lorsque n est pair. Il reste donc à prouver qu'il en est de même pour les numérateurs.

Supposons d'abord que n soit impair, et posons, pour simplifier l'écriture,

$$\frac{P_n(x')}{x'^2 - x'^2_k} = Q;$$

on a

$$\frac{P_n(x')}{x' - x'_k} = Q\left(x' + x'_k\right) \quad \text{et} \quad \frac{P_n(x')}{x' + x'_k} = Q\left(x' - x'_k\right);$$

le numérateur de A_k peut donc s'écrire

$$\int_{-\frac{1}{2}}^{+\frac{1}{2}} x'\,Q\,dx' + x'_k \int_{-\frac{1}{2}}^{+\frac{1}{2}} Q\,dx',$$

et celui de A_{n-k}

$$\int_{-\frac{1}{2}}^{+\frac{1}{2}} x' Q\, dx' - x'_k \int_{-\frac{1}{2}}^{+\frac{1}{2}} Q\, dx'.$$

Or ces deux expressions sont égales et de signes contraires, parce que l'intégrale $\int_{-\frac{1}{2}}^{+\frac{1}{2}} x' Q\, dx'$, qui ne contient que des puissances paires, est nulle.

Si n est pair, nous n'avons qu'à poser

$$\frac{\dot{P}_n(x')}{x'^2 - x'^2_k} = R\, x',$$

et les numérateurs de nos deux expressions deviennent

$$\int_{-\frac{1}{2}}^{+\frac{1}{2}} R\, x'^2 dx' + x'_k \int_{-\frac{1}{2}}^{+\frac{1}{2}} R\, x'\, dx', \quad \int_{-\frac{1}{2}}^{+\frac{1}{2}} R\, x'^2 dx' - x'_k \int_{-\frac{1}{2}}^{+\frac{1}{2}} R\, x'\, dx';$$

ils sont égaux et de mêmes signes, parce que l'on a

$$\int_{-\frac{1}{2}}^{+\frac{1}{2}} R\, x'\, dx' = 0,$$

pour la même raison que précédemment. Ainsi se trouve démontrée l'égalité

$$A_k = A_{n-k}.$$

Il est facile de reconnaître que la condition $\alpha = 0$ est nécessaire pour l'existence de ce théorème; car, si elle n'était pas remplie, le facteur

$$\left(x' + \frac{1}{2} \right)^\alpha$$

figurerait dans nos intégrales, qui contiendraient alors des termes de

2.

parité différente, et le raisonnement ne serait plus applicable. Il en est de même pour la condition $i = 1$.

Avant de chercher à réduire le nombre des ordonnées nécessaires pour évaluer la surface parabolique, nous allons encore démontrer le théorème général suivant :

THÉORÈME II. — *Toutes les paraboles de degré $2m$ et de degré $2m + 1$, qui ont $2m + 1$ ordonnées communes symétriques deux à deux par rapport aux extrêmes, comprennent la même aire entre elles et les ordonnées extrêmes.*

On voit en effet, en faisant $\alpha = 0$ et $i = 0$ dans ce qui précède, qu'on peut toujours exprimer l'aire d'un segment parabolique de degré $2m$ au moyen de $2m + 1$ ordonnées satisfaisant aux conditions de l'énoncé par la formule

$$S = h (A_0 y_0 + A_1 y_1 + A_2 y_2 + \ldots + A_{2m} y_{2m}).$$

L'aire du segment de degré $2m + 1$ pourra s'exprimer au moyen des mêmes ordonnées et d'une autre $(2m + 2)^{ième}$ arbitraire, par la formule

$$S = h (A'_0 y_0 + A'_1 y_1 + A'_2 y_2 + \ldots + A'_{2m} y_{2m} + A'_{2m+1} y_{2m+1}).$$

Calculons les nombres A', en commençant par A'_{2m+1}; on a

$$A'_{2m+1} = \frac{\int_0^1 (x - x_0)(x - x_1)(x - x_2) \ldots (x - x_{2m-1})(x - x_{2m}) \, dx}{(x_{2m+1} - x_0)(x_{m+1} - x_1)(x_{2m+1} - x_2) \ldots (x_{2m+1} - x_{2m-1})(x_{2m+1} - x_{2m})},$$

et je dis que le numérateur de cette expression est nul, sans que le dénominateur le soit. Pour le prouver, il suffit de poser, comme dans ce qui précède,

$$x - \frac{1}{2} = x';$$

car il devient, après substitution,

$$\int_{-\frac{1}{2}}^{+\frac{1}{2}} (x' - x'_0)(x' - x'_1) \ldots x' \ldots (x' + x'_1)(x' + x'_0) \, dx',$$

ou bien

$$\int_{-\frac{1}{2}}^{+\frac{1}{2}} (x'^2 - x_0'^2)(x'^2 - x_1'^2)\ldots x'\,dx',$$

et cette intégrale est évidemment nulle, comme ne contenant que des puissances paires.

Cela posé, on a, pour un autre coefficent quelconque,

$$A'_p = \frac{\int_0^1 (x - x_0)(x - x_1)\ldots(x - x_{p-1})(x - x_{p+1})\ldots(x - x_{2m})(x - x_{2m+1})\,dx}{(x_p - x_0)(x_p - x_1)\ldots(x_p - x_{p-1})(x_p - x_{p+1})\ldots(x_p - x_{2m})(x_p - x_{2m+1})},$$

et, si de son numérateur on retranche celui de A'_{2m+1}, qui est nul, il vient

$$A'_p = \frac{\int_0^1 (x - x_0)(x - x_1)\ldots(x - x_{p-1})(x - x_{p+1})\ldots(x - x_{2m})(x_p - x_{2m+1})\,dx}{(x_p - x_0)(x_p - x_1)\ldots(x_p - x_{p-1})(x_p - x_{p+1})\ldots(x_p - x_{2m})(x_p - x_{2m+1})},$$

ou bien, en supprimant le facteur $x_p - x_{2m+1}$ commun au numérateur et au dénominateur de cette fraction,

$$A'_p = \frac{\int_0^1 (x - x_0)(x - x_1)\ldots(x - x_{p-1})(x - x_{p+1})\ldots(x - x_{2m})\,dx}{(x_p - x_0)(x_p - x_1)\ldots(x_p - x_{p-1})(x_p - x_{p+1})\ldots(x_p - x_{2m})} = A_p.$$

On trouve ainsi, dans les deux cas, les mêmes coefficients correspondants aux mêmes ordonnées; donc les deux aires sont données par la même formule, ce qui prouve notre théorème.

§ II. — *Expression de la surface au moyen du nombre minimum d'ordonnées.*

Nous allons maintenant chercher à réduire autant que possible le nombre des ordonnées nécessaires pour évaluer la surface parabolique par la formule (1).

Revenons pour cela aux équations (2), qui donnent A_0, A_1, $A_2,\ldots, A_n$

en fonction de x_0, x_1, x_2,..., x_n, et proposons-nous d'annuler le plus grand nombre possible de ces coefficients. En égalant à o les k derniers coefficients, on réduit le nombre des indéterminées qui figurent dans ces $n + 1$ équations à $2n + 2 - 2k$; si donc on avait

$$n + 1 = 2n + 2 - 2k$$

ou bien

$$2k = n + 1,$$

il resterait un système de $n + 1$ équations entre $n + 1$ inconnues, ce qui permettrait de les déterminer.

Il se présente deux cas à examiner :

1° n est impair et égal à $2m + 1$: on a alors

$$2k = 2m + 2 \quad \text{ou bien} \quad k = m + 1;$$

donc on peut, dans ce cas, annuler $m + 1$ des coefficients A, et l'on obtient un système de $2m + 2$ équations pour déterminer les $2m + 2$ inconnues A_0, A_1, ..., A_m, x_0, x_1, ..., x_m; on a donc ce théorème :

Théorème III. — *Si n est impair et égal à $2m + 1$, on peut toujours, et l'on ne peut que d'une seule manière, évaluer l'aire du segment parabolique de degré $\alpha + (2m + 1)i$ au moyen de $m + 1$ ordonnées convenablement déterminées.*

2° n est impair et égal à $2m$: on a dans ce cas

$$2k = 2m + 1,$$

et le plus grand nombre des coefficients que l'on puisse annuler est m; mais il reste alors $2m + 2$ inconnues dans nos $2m + 1$ équations, de sorte que l'une d'elles est arbitraire; donc :

Théorème IV. — *Si n est pair et égal à $2m$, on peut d'une infinité de manières évaluer l'aire du segment parabolique de degré $\alpha + 2mi$ au moyen de $m + 1$ ordonnées dont une seule est arbitraire.*

Il nous reste maintenant à déterminer les nombres A_0, A_1, A_2, ..., A_m, x_0, x_1, x_2, ..., x_m, dans les deux cas que nous venons d'examiner.

Voyons d'abord ce que devient le coefficient général A_k lorsqu'on annule l'un quelconque des autres, A_p par exemple.

Pour annuler A_p il suffit d'égaler son numérateur à o, c'est-à-dire de poser

$$\int_0^1 \frac{x^\alpha\, P_n(x^i)\, dx}{x^i - x^i_p} = 0,$$

ou bien, puisque l'on a

$$\frac{x^\alpha\, P_n(x^i)}{x^i - x^i_p} = \frac{x^{\alpha+i}\, P_n(x^i)}{(x^i - x^i_p)(x^i - x^i_k)} - \frac{x^i_k\, x^\alpha\, P_n(x^i)}{(x^i - x^i_p)(x^i - x^i_k)},$$

$$\int_0^1 \frac{x^{\alpha+i}\, P_n(x^i)\, dx}{(x^i - x^i_p)(x^i - x^i_k)} - x^i_k \int_0^1 \frac{x^\alpha\, P_n(x^i)\, dx}{(x^i - x^i_p)(x^i - x^i_k)} = 0.$$

Mais le numérateur de A_k peut également s'écrire

$$\int_0^1 \frac{x^{\alpha+i}\, P_n(x^i)\, dx}{(x^i - x^i_p)(x^i - x^i_k)} - x^i_p \int_0^1 \frac{x^\alpha\, P_n(x^i)\, dx}{(x^i - x^i_p)(x^i - x^i_k)},$$

et il devient, par suite de l'égalité précédente,

$$(x^i_k - x^i_p) \int_0^1 \frac{x^\alpha\, P_n(x^i)\, dx}{(x^i - x^i_p)(x^i - x^i_k)};$$

donc l'expression de A_k résultante est

$$A_k = \frac{\displaystyle\int_0^1 \frac{x^\alpha\, P_n(x^i)}{(x^i - x^i_p)(x^i - x^i_k)}}{x^\alpha_k \left[\dfrac{P_n(x^i)}{(x^i - x^i_p)(x^i - x^i_k)} \right]_k}.$$

On généralise immédiatement, et l'on voit que quand on aura annulé les q derniers coefficients A, l'expression de A_k sera devenue, si l'on désigne, pour simplifier l'écriture, par $P_{n-q}(x^i)$ le produit des $n + 1 - q$ facteurs $(x^i - x^i_0)$, $(x^i - x^i_1)$, ..., $(x^i - x^i_{n-q})$,

$$(4) \qquad A_k = \frac{\displaystyle\int_0^1 \frac{x^\alpha\, P_{n-q}(x^i)\, dx}{x^i - x^i_k}}{x^\alpha_k \left[\dfrac{P_{n-q}(x^i)}{x^i - x^i_k} \right]_k},$$

et il n'y figure plus que les variables x_0, x_1, x_2, ..., x_{n-q}. On a en même temps, entre ces $n + 1 - q$ variables, les q relations :

$$\int_0^1 \frac{x^\alpha\, P_n(x^i)\, dx}{x^i - x_n^i} = 0,$$

$$\int_0^1 \frac{x^\alpha\, P_n(x^i)\, dx}{(x^i - x_n^i)(x^i - x_{n-1}^i)} = 0,$$

$$\dots\dots\dots\dots\dots\dots\dots\dots,$$

$$\int_0^1 \frac{x^\alpha\, P_n(x^i)\, dx}{(x^i - x_n^i)(x^i - x_{n-1}^i)\dots(x^i - x_{n-q+2}^i)} = 0,$$

$$\int_0^1 \frac{x^\alpha\, P_n(x^i)\, dx}{(x^i - x_n^i)(x^i - x_{n-1}^i)\dots(x^i - x_{n-q+1}^i)} = 0;$$

la première équation pouvant s'écrire

$$\int_0^1 \frac{x^{\alpha+i}\, P_n(x^i)\, dx}{(x^i - x_n^i)(x^i - x_{n-1}^i)} - x_{n-1}\int_0^1 \frac{x^\alpha\, P_n(x^i)\, dx}{(x^i - x_n^i)(x^i - x_{n-1}^i)} = 0;$$

elle équivaut, en vertu de la seconde, à

$$\int_0^1 \frac{x^{\alpha+i}\, P_n(x^i)\, dx}{(x^i - x_n^i)(x^i - x_{n-1}^i)} = 0;$$

celle-ci et la seconde équivalent de même, en vertu de la troisième, aux deux suivantes :

$$\int_0^1 \frac{x^{\alpha+2i}\, P_n(x^i)\, dx}{(x^i - x_n^i)(x^i - x_{n-1}^i)(x^i - x_{n-2}^i)} = 0,$$

$$\int_0^1 \frac{x^{\alpha+i}\, P_n(x^i)\, dx}{(x^i - x_n^i)(x^i - x_{n-1}^i)(x^i - x_{n-2}^i)} = 0;$$

et ainsi de suite. La loi de formation est évidente; de sorte qu'en réalité nos q équations entre x_0, x_1, x_2, ..., x_{n-q}, sont les suivantes, où la fonction $P_{n-q}(x^i)$ est celle que nous avons définie précédemment :

$$(5)\quad \begin{cases} \displaystyle\int_0^1 x^{\alpha+(q-1)i}\,P_{n-q}(x^i)\,dx = 0, \\[2mm] \displaystyle\int_0^1 x^{\alpha+(q-2)i}\,P_{n-q}(x^i)\,dx = 0, \\[2mm] \dots\dots\dots\dots\dots\dots\dots\dots\dots\dots, \\[2mm] \displaystyle\int_0^1 x^{\alpha+i}\,P_{n-q}(x^i)\,dx = 0, \\[2mm] \displaystyle\int_0^1 x^{\alpha}\,P_{n-q}(x^i)\,dx = 0. \end{cases}$$

Développons maintenant les calculs.

Cas où n est impair. — Si n est impair et égal à $2m+1$, nous avons vu qu'on pouvait annuler $m+1$ coefficients. Ceux qui restent sont donnés par la formule

$$A_k = \dfrac{\displaystyle\int_0^1 \dfrac{x^{\alpha}\,P_m(x^i)\,dx}{x^i-x_k^i}}{x_k^{\alpha}\left[\dfrac{P_m(x^i)}{x^i-x_k^i}\right]_k},$$

que l'on obtient en faisant $q = m+1$ et $n = 2m+1$ dans la formule (4), et x_0, x_1, x_2,..., x_m sont déterminés par les $m+1$ équations que l'on obtient en remplaçant dans les équations (5) q et n par les mêmes valeurs; ce sont :

$$\int_0^1 x^{\alpha+mi}\,P_m(x^i)\,dx = 0,$$

$$\int_0^1 x^{\alpha+(m-1)i}\,P_m(x^i)\,dx = 0,$$

$$\dots\dots\dots\dots\dots\dots\dots\dots\dots$$

$$\int_0^1 x^{\alpha+i}\,P_m(x^i)\,dx = 0,$$

$$\int_0^1 x^{\alpha}\,P_m(x^i)\,dx = 0,$$

et l'on trouve en les développant, après avoir désigné par a_p la somme des produits p à p des quantités x^i_0, x^i_1, x^i_2,..., x^i_m,

$$\frac{1}{\alpha+1+(2m+1)i} - \frac{a_1}{\alpha+1+2mi} + \frac{a_2}{\alpha+1+(2m-1)i} - \ldots$$
$$+ (-1)^m \frac{a_m}{\alpha+1+(m+1)i} + (-1)^{m+1} \frac{a_{m+1}}{\alpha+1+mi} = 0,$$

$$\frac{1}{\alpha+1+2mi} - \frac{a_1}{\alpha+1+(2m-1)i} + \frac{a_2}{\alpha+1+(2m-2)i} - \ldots$$
$$+ (-1)^m \frac{a_m}{\alpha+1+mi} + (-1)^{m+1} \frac{a_{m+1}}{\alpha+1+(m-1)i} = 0.$$

$$\frac{1}{\alpha+1+(2m-1)i} - \frac{a_1}{\alpha+1+(2m-2)i} + \frac{a_2}{\alpha+1+(2m-3)i} - \ldots$$
$$+ (-1)^m \frac{a_m}{\alpha+1+(m-1)i} + (-1)^{m+1} \frac{a_{m+1}}{\alpha+1+(m-2)i} = 0.$$

$$\ldots\ldots\ldots\ldots\ldots\ldots\ldots\ldots\ldots\ldots\ldots\ldots\ldots\ldots$$

$$\frac{1}{\alpha+1+(m+1)i} - \frac{a_1}{\alpha+1+mi} + \frac{a_2}{\alpha+1+(m-1)i} - \ldots$$
$$+ (-1)^m \frac{a_m}{\alpha+1+i} + (-1)^{m+1} \frac{a_{m+1}}{\alpha+1} = 0.$$

Ces équations, qui sont du premier degré, nous déterminent a_{m+1}, a_m, a_{m-1},..., a_2, a_1, et nos inconnues x^i_0, x^i_1, x^i_2,..., x^i_m sont par conséquent les racines de l'équation du $(m+1)^{ième}$ degré en x^i

$$X = x^{(m+1)i} - a_1 x^{mi} + a_2 x^{(m-1)i} - a_3 x^{(m-2)i} + \ldots + (-1)^m a_m x^i + (-1)^{m+1} a_{m+1} = 0.$$

Formons cette équation; il s'agit, pour cela, de résoudre le système d'équations qui précède. Or on résout ces équations d'une manière très-simple, en remarquant qu'elles expriment que la fonction

$$f(x) = \frac{1}{\alpha+1+(m+1)i+xi} - \frac{a_1}{\alpha+1+mi+xi}$$
$$+ \frac{a_2}{\alpha+1+(m-1)i+xi} - \ldots + (-1)^{m+1} \frac{a_{m+1}}{\alpha+1+xi}$$

s'annule pour les $m+1$ valeurs de x, 0, 1, 2,.... m. Elle doit donc pouvoir être mise sous la forme

$$f(x) = \frac{Cx(x-1)(x-2)(x-3)\ldots(x-m+1)(x-m)}{[xi+(\alpha+1)+(m+1)i][xi+(\alpha+1)+mi]\ldots(xi+\alpha+1)}.$$

car, en réduisant tous les termes au même dénominateur, on trouverait que son numérateur est un polynôme entier et rationnel du degré $m+1$ par rapport à x, et que son dénominateur ne s'annule pour aucune des valeurs de x considérées. On doit donc avoir identiquement

$$\frac{C x (x-1)(x-2)\ldots(x-m+1)(x-m)}{[x i + \alpha + 1 + (m+1)i](x i + \alpha + 1 + m i)\ldots(x i + \alpha + 1)}$$
$$= \frac{1}{x i + \alpha + 1 + (m+1)i} - \frac{a_1}{x i + \alpha + 1 + m i} + \ldots + (-1)^{m+1}\frac{a_{m+1}}{x i + \alpha + 1}.$$

Multiplions les deux membres de cette identité par

$$x i + \alpha + 1 + (m+1)i,$$

puis faisons

$$x i = -(m+1)i - (\alpha + 1),$$

le second membre se réduit à 1, et il doit en être de même du premier; donc on a

$$\frac{C[(m+1)i+\alpha+1][(m+2)i+\alpha+1][(m+3)i+\alpha+1]\ldots[(2m+1)i+\alpha+1](-1)^{m+1}}{(i)^{2m+2}.1.2.3\ldots m(m+1)(-1)^{m+1}} = 1,$$

d'où

$$C = \frac{1.2.3\ldots m(m+1)(i)^{2m+2}}{[(\alpha+1)+(m+1)i][\alpha+1+(m+2)i]\ldots[\alpha+1+(2m+1)i]}.$$

On trouve ensuite l'une quelconque des inconnues, a_p par exemple, en exprimant que le produit

$$[x i + \alpha + 1 + (m-p+1)i]f(x)$$

se réduit à $(-1)^p a_p$ pour $x i = -[\alpha + 1 + (m-p+1)i]$, ce qui nous donne la relation

$$\frac{C[\alpha+1+(m-p+1)i][\alpha+1+(m-p+2)i]\ldots[\alpha+1+(2m-p+1)i](-1)^{m+1}}{(i)^{2m+2}.1.2.3\ldots p.1.2.3\ldots(m-p+1)(-1)^{m-p+1}} = (-1)^p a_p,$$

d'où l'on tire, après y avoir remplacé C par sa valeur et fait les réductions,

$$a_p = \frac{(m+1)m(m-1)\ldots(m-p+2)[\alpha+1+(m-p+1)i][\alpha+1+(m-p+2)i]\ldots(\alpha+1+m i)}{1.2.3\ldots p[\alpha+1+(2m+2-p)i][\alpha+1+(2m+3-p)i]\ldots[\alpha+1+(2m+1)i]};$$

3.

on en conclut immédiatement que l'équation cherchée est

$$(6') \quad \begin{cases} X = x^{(m+1)i} - \dfrac{m+1}{1} \dfrac{\alpha+1+mi}{\alpha+1+(2m+1)i} x^{mi} \\[2ex] \quad + \dfrac{(m+1)m}{1.2} \dfrac{(\alpha+1+mi)[\alpha+1+(m-1)i]}{[\alpha+1+(2m+1)i](\alpha+1+2mi)} x^{(m-1)i} - \ldots = 0. \end{cases}$$

Telle est l'équation du $(m+1)^{ième}$ degré en x^i qui donne les puissances $i^{ièmes}$ des rapports à h des abscisses correspondantes aux $m+1$ ordonnées au moyen desquelles on peut exprimer la surface parabolique par la formule (1). Quand on aura résolu cette équation pour les différents degrés et pour les différentes valeurs de α et de i, on calculera les nombres A_0, A_1, A_2,..., A_m, en se rappelant que le numérateur de A_k est égal à $\displaystyle\int_0^1 \frac{x^\alpha P_m(x^i)\,dx}{x^i - x^i_k}$ et que son dénominateur est la valeur du quotient $\dfrac{x^\alpha P_m(x^i)}{x^i - x^i_k}$ pour $x = x_k$. On a d'ailleurs

$$P_m(x^i) = X,$$

et par conséquent

$$(7) \qquad A_k = \frac{\displaystyle\int_0^1 \frac{x^\alpha X\,dx}{x^i - x^i_k}}{x^\alpha_k \left(\dfrac{X}{x^i - x^i_k}\right)_k}.$$

DISCUSSION DE L'ÉQUATION $X = 0$. — *Cette équation a toutes ses racines réelles et comprises entre* 0 *et* 1 *quand on prend pour variable* x^i.

En effet, on reconnait aisément qu'en intégrant $m+1$ fois la fonction

$$X x^{\alpha+1-i},$$

ou bien

$$x^{\alpha+1+mi} - \dfrac{m+1}{1} \dfrac{\alpha+1+mi}{\alpha+1+(2m+1)i} x^{\alpha+1+(m-1)i}$$
$$+ \dfrac{(m+1)m}{1.2} \dfrac{(\alpha+1+mi)[\alpha+1+(m-1)i]}{[\alpha+1+(2m+1)i](\alpha+1+2mi)} x^{\alpha+1+(m-2)i} + \ldots$$

par rapport à x^i, on trouve, à un facteur constant près,

$$x^{\alpha+1+mi}(x^i - 1)^{m+1}.$$

Donc, M étant un facteur constant, on a

$$(8) \qquad \mathrm{M X}\,(x^i)\, x^{\alpha+1-i} = \frac{d^{m+1}}{(dx^i)^{m+1}}\left[x^{\alpha+1+mi}\,(x^i-1)^{m+1}\right];$$

or l'équation $x^{\alpha+1+mi}(x^i-1)^{m+1} = 0$ a toutes ses racines réelles quand on y prend pour inconnue x^i, et celles qui sont différentes de 0 sont égales à 1. Il en résulte immédiatement que l'équation $\mathrm{X}\,(x^i)\,x^{\alpha+1-i} = 0$ a toutes ses racines réelles en vertu du théorème de Rolle, et que toutes celles qui sont différentes de 0, c'est-à-dire les racines de l'équation $\mathrm{X}\,(x^i) = 0$ sont comprises entre 0 et 1.

C'est en faisant $\alpha = 0$ et $i = 1$ dans cette équation qu'on obtiendrait l'équation aux abscisses de Gauss et de Jacobi, elle prend alors la forme

$$\frac{d^{m+1}}{dx^{m+1}}\left[x^{m+1}(x-1)^{m+1}\right] = 0,$$

ou bien encore, en posant $x = \dfrac{z+1}{2}$,

$$\frac{d^{m+1}}{dz^{m+1}}\,(1-z^2)^{m+1} = 0;$$

car la dérivée de x par rapport à z n'introduit qu'un facteur constant dans l'expression, et l'on reconnaît dans le premier membre de cette équation la fonction de Legendre, c'est-à-dire le coefficient de x^{m+1} dans le développement de

$$(1 - 2zx + x^2)^{-\frac{1}{2}}.$$

L'équation transformée en z ne contient que des termes de même parité; car les dérivées successives de la fonction $(1-z^2)^{m+1}$ sont des fonctions entières et rationnelles de z^2 ou de pareilles fonctions multipliées par z, suivant que l'ordre de la dérivée est pair ou impair. Cette équation admettra donc la racine 0 si $m+1$ est impair, et dans tous les cas on pourra abaisser son degré de moitié en posant $z^2 = u$.

Il résulte de là que l'équation $\mathrm{X} = 0$, quand on y suppose $\alpha = 0$ et $i = 1$, admet la racine $\dfrac{1}{2}$ si m est impair, et que dans tous les cas ses racines s'obtiennent deux à deux par la formule

$$x = \frac{1 \pm \sqrt{u}}{2}.$$

Les ordonnées correspondantes sont, par conséquent, disposées deux à deux symétriquement par rapport à celle du milieu, s'il y en a une, ou, mieux, par rapport aux extrêmes; d'où il résulte enfin, en vertu du théorème général J démontré en commençant, que les coefficients A_k et A_{n-k} correspondants aux ordonnées également distantes des extrêmes sont égaux et de même signe.

Il importe de remarquer, en terminant cette discussion, que les mêmes propriétés n'appartiennent pas à l'équation générale X = o où α est supposé différent de o et i différent de 1, car on ne peut plus dire que l'équation transformée en z ne contient que des termes de même parité.

La solution du problème, en ce qui concerne la détermination des abscisses et des coefficients A, se trouve donc considérablement simplifiée par ces hypothèses.

De l'équation en z. — Formons maintenant l'équation en z. On peut y arriver de deux manières, soit en faisant dans le premier membre la substitution $x = \dfrac{z+1}{2}$, soit en cherchant la $(m+1)^{ième}$ dérivée de $(1 - z^2)^{m+1}$. On arrive, dans les deux cas, à l'équation

$$(9) \quad z^{m+1} - \frac{(m+1)m}{1.2} \frac{1}{2m+1} z^{m-1} + \frac{(m+1)m(m-1)(m-2)}{1.2.3.4} \frac{1.3}{(2m+1)(2m-1)} z^{m-3}$$
$$- \frac{(m+1)m(m-1)(m-2)(m-3)(m-4)}{1.2.3.4.5.6} \frac{1.3.5}{(2m+1)(2m-1)(2m-3)} z^{m-5} + \ldots = 0,$$

dont la loi des termes est bien évidente. Nous la désignerons, pour simplifier, par Z = o.

On peut vérifier ce développement *à posteriori*, en démontrant que s'il est vrai pour l'exposant $m + 1$, il sera encore vrai pour l'exposant $m + 2$. On a

$$(1 - z^2)^{m+2} = (1 - z^2)^{m+1}(1 - z^2).$$

d'où, en appliquant la formule symbolique,

$$\frac{d^n}{dz^n}(\mathrm{U\,V}) = (\mathrm{U} + \mathrm{V})^n,$$

dans laquelle U et V sont des fonctions quelconques de z, et où les exposants doivent être regardés comme des indices de dérivation,

$$\frac{d^{m+2}}{dz^{m+2}}(1 - z^2)^{m+2} = (1 - z^2)\frac{d^{m+2}}{dz^{m+2}}(1 - z^2)^{m+1} - 2z(m+2)\frac{d^{m+1}}{dz^{m+1}}(1 - z^2)^{m+1}$$
$$- (m+2)(m+1)\frac{d^m}{dz^m}(1 - z^2)^{m+1};$$

car les dérivées d'ordre supérieur à la troisième de $1 - z^2$ sont nulles.

Admettons donc que le premier membre de l'équation $Z = 0$ représente, à un facteur constant près, le développement de $\frac{d^{m+1}}{dz^{m+1}}(1 - z^2)^{m+1}$; nous trouvons immédiatement, en négligeant ce coefficient, que le premier terme du développement de $\frac{d^{m+2}}{dz^{m+2}}(1 - z^2)^{m+2}$ est

$$- 2(2m + 3)z^{m+2}.$$

Pour former le coefficient du terme général de degré $m - 2k$, c'est-à-dire du $(k+2)^{i\grave{e}me}$ terme, nous remarquerons qu'il ne dépend que des termes de degré $m - 2k + 1$ et $m - 2k - 1$ du développement précédent. Or, si l'on désigne par B le coefficient de z^{m-2k+1}, celui de z^{m-2k-1} est, d'après la loi,

$$- \frac{B(m - 2k + 1)(m - 2k)(2k + 1)}{(2k + 1)(2k + 2)(2m - 2k + 1)},$$

et notre coefficient inconnu est la somme des quatre termes

$$B(m - 2k + 1),$$
$$\frac{B(m - 2k + 1)(m - 2k)(m - 2k - 1)}{(2k + 2)(2m - 2k + 1)},$$
$$\frac{2B(m + 2)(m - 2k + 1)(m - 2k)}{(2k + 2)(2m - 2k + 1)},$$
$$\frac{B(m + 2)(m + 1)(m - 2k + 1)(m - 2k)}{(2k + 2)(2m - 2k - 1)(m - 2k)}.$$

Mettons $\dfrac{B(m-2k+1)}{(2k+2)(2m-2k+1)}$ en facteur, et cette somme devient

$$\frac{B(m-2k+1)}{(2k+2)(2m-2k+1)}\left[(2k+2)(2m-2k+1)+(m-2k)(m-2k-1)\right.$$
$$\left.+2(m+2)(m-2k)+(m+2)(m+1)\right];$$

la somme des deux premiers termes entre parenthèses s'annule pour $m=-2$; on peut donc mettre $m+2$ en facteur, et l'on trouve

$$\frac{2B(m-2k+1)(m+2)(2m-2k+1)}{(2k+2)(2m-2k+1)},$$

ou bien, en simplifiant et divisant par $2(2m+3)$,

$$\frac{(m+2)B(m-2k+1)}{(2k+1)(2k+2)}\,\frac{2k+1}{2m+3}.$$

d'où l'on conclut que la loi est générale.

Remarque. — Ce développement, comparé à celui qu'on obtiendrait en remplaçant dans le premier membre de l'équation $X = o$, simplifiée par nos hypothèses, x par $\dfrac{z+1}{2}$, fournit une série de sommations intéressantes sur lesquelles nous n'insisterons pas.

Calcul des coefficients A. — On peut ramener le calcul des coefficients A donnés par la formule (7) à celui des valeurs que prend une fonction rationnelle et entière de x pour les valeurs de cette variable qui sont les racines de l'équation $X = o$; on a, en effet,

$$\left(\frac{X}{x^i-x_k^i}\right)_k=\left(\frac{dX}{dx^i}\right)_k:$$

donc le dénominateur est la valeur que prend la fonction

$$x^a\,\frac{dX}{dx^i}$$

pour $x=x_k$.

Pour mettre le numérateur sous une forme analogue, nous remarquerons qu'en faisant la division par $x^i-\alpha$ du polynôme entier,

$$X = x^{(m+1)i}-a_1x^{mi}+a_2x^{(m-1)i}-a_3x^{(m-2)i}+\ldots,$$

on a pour quotient

$$\frac{X}{x^i - \alpha} = x^{mi} + \alpha \ \bigg| \ x^{(m-1)i} + \alpha^2 \ \bigg| \ x^{(m-2)i} + \alpha^3 \ \bigg| \ x^{(m-3)i} + \ldots,$$
$$\qquad\qquad\quad - a_1 \qquad\qquad - a_1\alpha \qquad\qquad - a_1\alpha^2$$
$$\qquad\qquad\qquad\quad + a_2 \qquad\qquad\quad + a_2\alpha$$
$$\qquad\qquad\qquad\qquad\qquad\qquad\quad - a_3$$

ou bien, en l'ordonnant par rapport à α,

$$\frac{X}{x^i - a} = \pi_m(x^i) + \alpha\pi_{m-1}(x^i) + \alpha^2\pi_{m-2}(x^i) + \alpha^3\pi_{m-3}(x^i) + \ldots,$$

et désignant par $\pi_n(x^i)$ la fonction entière du degré n en x^i,

$$x^{ni} - a_1 x^{(n-1)i} + a_2 x^{(n-2)i} - a_3 x^{(n-3)i} + \ldots$$

Nous en concluons immédiatement

$$\int_0^1 \frac{X x^\alpha dx}{x^i - x_k^i} = R_m + x_k^i R_{m-1} + x_k^{2i} R_{m-2} + x_k^{3i} R_{m-3} + \ldots,$$

après avoir posé, pour abréger l'écriture,

$$R_n = \int_0^1 x^\alpha \pi_n(x^i)\,dx = \frac{1}{\alpha + 1 + ni} - \frac{a_1}{\alpha + 1 + (n-1)i} + \frac{a_2}{\alpha + 1 + (n-2)i}$$
$$- \frac{a_3}{\alpha + 1 + (n-3)i} + \ldots.$$

Le numérateur de A_k n'est donc autre chose que la valeur que prend pour $x = x_k$ la fonction

$$\psi(x^i) = R_m + R_{m-1} x^i + R_{m-2} x^{2i} + R_{m-3} x^{3i} + \ldots.$$

Nous sommes donc ramenés à calculer les valeurs que prend la fraction rationnelle

$$(9) \qquad\qquad \frac{\psi(x^i)}{x^\alpha \left(\dfrac{dX}{dx^i}\right)}$$

pour les valeurs de x, x_0, x_1, ..., x_m, qui sont les racines de l'équation $X = 0$.

Voici une méthode générale autre que celles de Gauss et d'Abel pour remplacer dans un calcul analogue la fraction rationnelle par une fonction entière :

4

Soit à calculer les valeurs que prend la fraction rationnelle $\dfrac{f(x)}{F(x)}$ pour les racines d'une équation algébrique entière $X = o$, et proposons-nous de déterminer un polynôme entier qui prenne pour les mêmes valeurs de x les mêmes valeurs numériques que cette fraction.

Il en existe une infinité : en effet, considérons la fraction

$$\frac{f(x) - f_1(x)\,X}{F(x)},$$

dans laquelle $f_1(x)$ désigne un polynôme entier de degré au moins égal à celui de $F(x)$ diminué d'une unité ; il est évident que pour les racines de l'équation $X = o$ elle prend les mêmes valeurs que $\dfrac{f(x)}{F(x)}$.

Or on pourra toujours déterminer les coefficients de $f_1(x)$ de manière à rendre la division du numérateur par le dénominateur possible ; car, en faisant cette division et poussant l'opération jusqu'à ce qu'on trouve un reste de degré inférieur à $F(x)$, on aura, en égalant ce reste à zéro, quel que soit x, au plus autant d'équations qu'il y a de coefficients indéterminés dans $f_1(x)$. Comme d'ailleurs toutes ces équations sont du premier degré par rapport à ces coefficients, il sera très-facile de les déterminer, et par suite de connaître le quotient cherché, dont les coefficients sont eux-mêmes des fonctions linéaires de ceux-là.

La question peut donc être regardée comme résolue, et l'on voit qu'il existe une infinité de manières de le faire ; car, si l'on a plus d'inconnues que d'équations, on pourra donner des valeurs arbitraires à un certain nombre d'entre elles. On obtiendra d'ailleurs le quotient le plus simple en prenant le polynôme indéterminé $f_1(x)$ d'un degré moindre d'une unité que celui de $F(x)$.

On peut encore simplifier ce calcul par la remarque suivante : soit $\varphi(x)$ le quotient trouvé comme nous venons de le dire, on doit avoir

$$\frac{f(x) - f_1(x)\,X}{F(x)} = \varphi(x),$$

d'où l'on tire

$$\frac{f(x) - \varphi(x)\,F\,x}{X} = f_1(x).$$

Le polynôme cherché $\varphi(x)$ est donc celui par lequel il faut multiplier la fonction $F(x)$ pour que la différence

$$f(x) - \varphi(x)\,F(x)$$

soit exactement divisible par X. Pour le déterminer, il faudra faire la division et écrire que le reste est nul quel que soit x.

Mais cette méthode, bonne en général, donnerait difficilement la loi du résultat dans le cas particulier qui nous occupe. On la remplace avantageusement, lorsque l'on suppose $\alpha = 0$ et $i = 1$, par les considérations suivantes anologues à celles dont se servent Gauss et M. Christoffel.

Si l'on désigne par $P(x)$ ce que devient X dans les hypothèses de $\alpha = 0$ et $i = 1$, les coefficients A sont donnés par la formule

$$A = \frac{\displaystyle\int_0^1 \frac{P(x)\,dx}{x-a}}{P'(a)},$$

où a désigne l'une quelconque des racines de l'équation $P(x) = 0$.

Changeons de variable en posant $x = \dfrac{z+1}{2}$. $P(x)$ devient $\dfrac{1}{2^{n+1}}\,Z$; $x - a$ se transforme en $\dfrac{1}{2}\left[z - (2a-1)\right] = \dfrac{1}{2}(z-u)$, si l'on désigne par u une racine de l'équation $Z = 0$; enfin $P'(u)$ peut être remplacé par $\dfrac{1}{2^{n+1}}\,Z'(u)$. On a donc

$$A = \frac{\displaystyle\int_{-1}^{+1} \frac{Z\,dz}{z-u}}{Z'(u)},$$

car pour $x = 0$, on a $z = -1$, et pour $x = 1$, on a $z = 1$.

Remarquons maintenant qu'on a identiquement

$$\int_{-1}^{+1} \frac{Z\,dz}{z-u} = Z(u)\int_{-1}^{+1} \frac{dz}{z-u} + \int_{-1}^{+1} \frac{[Z-Z(u)]\,dz}{z-u},$$

ou bien encore, en effectuant $\displaystyle\int_{-1}^{+1} \frac{dz}{z-u}$,

$$\int_{-1}^{+1} \frac{Z\,dz}{z-u} = -Z(u)\,l\,\frac{u+1}{u-1} + \int_{-1}^{+1} \frac{[Z-Z(u)]\,dz}{z-u},$$

4.

et, si l'on pose, pour simplifier l'écriture,

$$\int_{-1}^{+1} \frac{[\mathrm{Z} - \mathrm{Z}(u)]dz}{z - u} = \mathrm{P}_1(u),$$

$$\int_{-1}^{+1} \frac{\mathrm{Z}\,dz}{u - z} = \mathrm{P}_2(u),$$

cette égalité se transforme en dernier lieu dans la suivante :

$$(10) \qquad \mathrm{Z}(u)\,l\,\frac{u + 1}{u - 1} = \mathrm{P}_1(u) + \mathrm{P}_2(u).$$

On reconnaît immédiatement que $\mathrm{P}_1(u)$ est un polynôme entier et rationnel du degré m, car la fonction $\mathrm{Z} - \mathrm{Z}(u)$, qui est du degré $m + 1$, est exactement divisible par $z - u$, et l'intégration n'altère pas le degré du quotient par rapport à u. Quant à $\mathrm{P}_2(u)$, c'est un développement en série, ordonné suivant les puissances croissantes de $\frac{1}{u}$, qui est privé de ses $m + 1$ premiers termes; on a, en effet,

$$\mathrm{P}_2(u) = \int_{-1}^{+1} \mathrm{Z}\,dz\left(\frac{1}{u} + \frac{z}{u^2} + \frac{z^2}{u^3} + \ldots + \frac{z^m}{u^{m+1}} + \frac{z^{m+1}}{u^{m+2}} + \ldots\right),$$

ou bien

$$\mathrm{P}_2(u) = \frac{\mathrm{A}}{u^{m+2}} + \frac{\mathrm{B}}{u^{m+3}} + \ldots,$$

car l'ensemble des $m + 1$ premiers termes s'évanouit en vertu de notre théorie, qui nous apprend que l'intégrale exacte de la fonction

$$\mathrm{Z}\left(\frac{1}{u} + \frac{z}{u^2} + \frac{z^2}{u^3} + \ldots + \frac{z^m}{u^{m+1}}\right)dz,$$

entre les limites -1 et $+1$, est égale à la valeur que donne la méthode approchée, c'est-à-dire à 0.

Cela posé, on trouve, en prenant les dérivées des deux membres de l'égalité (10) par rapport à u,

$$\mathrm{Z}'(u)\,l\,\frac{u + 1}{u - 1} - \frac{2\mathrm{Z}(u)}{u^2 - 1} = \mathrm{P}'_1(u) + \mathrm{P}'_2(u),$$

et en prenant encore une fois les dérivées, après avoir multiplié par

$u^2 - 1$, il vient

$$\frac{d}{du}\left[(u^2-1)Z'(u)\right]l\frac{u+1}{u-1} = 4Z'(u) + \frac{d}{du}\left[(u^2-1)P'_1(u)\right] + \frac{d}{du}\left[(u^2-1)P'_2(u)\right].$$

Cette égalité, combinée par voie d'addition avec l'égalité (10), dont on a préalablement multiplié les deux membres par un facteur constant — K, nous donne

$$l\frac{u+1}{u-1}\left\{\frac{d}{du}\left[(u^2-1)Z'(u)\right] - KZ(u)\right\}$$
$$= 4Z'(u) + \frac{d}{du}\left[(u^2-1)P'_1(u)\right] - KP_1(u) + \frac{d}{du}\left[(u^2-1)P'_2(u)\right] - KP_2(u),$$

ce qui exige que l'on ait identiquement, pour une valeur convenable de K,

$$(11) \qquad \frac{d}{du}\left[(u^2-1)Z'(u)\right] = KZ(u),$$

$$(12) \qquad \frac{d}{du}\left[(u^2-1)P'_1(u)\right] = KP_1(u) - 4Z'(u),$$

$$(13) \qquad \frac{d}{du}\left[(u^2-1)P'_2(u)\right] = KP_2(u).$$

La première de ces trois égalités, qui entraine évidemment les deux autres, résulte de ce que les produits de la fonction $l\frac{u+1}{u-1}$ par $Z(u)$ ou bien par $\frac{d}{du}\left[(u^2-1)Z'(u)\right]$ sont de même forme; mais on peut encore la prouver de la manière suivante : il résulte de notre théorie que la fonction Z est définie par l'égalité

$$\int_{-1}^{+1} Z(u)\varphi(u)\,du = 0,$$

dans laquelle $\varphi(u)$ est une fonction entière quelconque de degré au plus égal à m; par conséquent, toute fonction entière du degré $m+1$ qui jouit de la même propriété, c'est-à-dire telle que l'on ait, en l'appelant $\psi(u)$,

$$\int_{-1}^{+1} \psi(u)\varphi(u)\,du = 0,$$

ne diffère d'elle que par un facteur constant, car elle doit s'annuler pour les mêmes valeurs de la variable. Nous n'avons donc qu'à prouver l'égalité

$$\int_{-1}^{+1} \frac{d}{du}[(u^2-1)Z'(u)]\varphi(u)\,du = 0;$$

or, l'intégration par parties nous donne

$$\int_{-1}^{+1} \frac{d}{du}[(u^2-1)Z'(u)]\varphi(u)\,du = -\int_{-1}^{+1}(u^2-1)Z'(u)\varphi'(u)\,du,$$

et, comme on trouve de même

$$\int_{-1}^{+1}(u^2-1)Z'(u)\varphi'(u)\,du = -\int_{-1}^{+1}Z(u)\frac{d}{du}[(u^2-1)\varphi'(u)]\,du.$$

il vient

$$\int_{-1}^{+1} \frac{d}{du}[(u^2-1)Z'(u)]\varphi(u)\,du = \int_{-1}^{+1}Z(u)\frac{d}{du}[(u^2-1)\varphi'(u)]\,du = 0;$$

car $\frac{d}{du}[(u^2-1)\varphi'(u)]$ est un polynôme entier dont le degré est au plus égal à m; donc les deux fonctions $Z(u)$ et $\frac{d}{du}[(u^2-1)Z'(u)]$ ne diffèrent que par un facteur constant.

Pour déterminer ce facteur constant, on remarque que le premier terme de $Z'(u)$ est $(m+1)z^m$, et que par suite le premier terme de $\frac{d}{du}[(u^2-1)Z'(u)]$ est $(m+1)(m+2)z^{m+1}$; le facteur K est donc égal à $(m+1)(m+2)$.

Ajoutons maintenant les égalités (11) et (12), après avoir multiplié la première par $P_1(u)$ et la seconde par $-Z(u)$, il vient

$$P_1(u)\frac{d}{du}[(u^2-1)Z'(u)] - Z(u)\frac{d}{du}[(u^2-1)P_1(u)] = 4Z(u)Z'(u),$$

d'où l'on conclut par intégration

$$(14) \qquad (u^2-1)[P_1(u)Z'(u) - Z(u)P_1'(u)] = 2[Z(u)]^2 + C,$$

et l'on peut, avant d'aller plus loin, remarquer, comme Gauss, qu'il résulte de cette égalité (car C n'est pas nul) que $Z(u)$ et $Z'(u)$ ne sauraient s'annuler pour la même valeur de u, et que, par conséquent, l'équation $Z = o$ n'a pas de racines égales.

L'égalité (14), lorsque l'on ne donne à u que des valeurs qui sont racines de l'équation $Z(u) = o$, se réduit à

$$(u^2 - 1) P_1(u) Z'(u) = C,$$

et comme dans ces hypothèses $P_1(u)$ devient le numérateur de A, on a les deux formes

$$A = \frac{1}{C} (u^2 - 1) P_1^2 (u),$$

$$A = \frac{C}{(u^2 - 1) [P_1(u)]^2}.$$

la première a été donnée par Gauss, et la seconde est de M. Christöffel.

Il nous reste à trouver la valeur de la constante C. Or on trouve, en faisant $u = 1$ dans l'égalité (14), $2[Z(1)]^2 + C = o$, d'où

$$C = - 2[Z(1)]^2.$$

Cherchons donc la valeur que prend la fonction Z pour $u = 1$. On a

$$Z(u) = \frac{\dfrac{d^{m+1}}{du^{m+1}} (u^2 - 1)^{m+1}}{(2m + 2)(2m + 1) 2m (2m - 1) \ldots (m + 3)(m + 2)},$$

et par suite tout revient à chercher la valeur que prend le numérateur pour $u = 1$.

Posons d'une manière générale

$$U_n = \frac{d^n}{du^n}(u^2 - 1)^n,$$

il vient, en appliquant le développement dont nous nous sommes déjà servis,

$$U_n = (u^2 - 1) \frac{d^n}{du^n}(u^2 - 1)^{n-1} + 2nu \frac{d^{n-1}}{du^{n-1}}(u^2 - 1)^{n-1} + n(n - 1) \frac{d^{n-2}}{du^{n-2}}(u^2 - 1)^{n-1},$$

et si l'on admet, ce qu'il est facile de vérifier de proche en proche, que la fonction

$$\frac{d^p}{du^p}(u^2 - 1)^q$$

est nulle pour $u = 1$ toutes les fois que p est inférieur à q, on a simplement, dans la même hypothèse de $u = 1$,

$$U_n = 2n\, U_{n-1};$$

et par suite nous avons la série d'égalités

$$U_{m+1} = 2(m + 1)\, U_m,$$
$$U_m = 2.m\, U_{m-1},$$
$$U_{m-1} = 2(m - 1)\, U_{m-2},$$
$$\dots\dots\dots\dots\dots\dots,$$
$$U_2 = 2.2\, U_1,$$
$$U_1 = 2.1,$$

dont le produit nous donne

$$U_{m+1} = 2^{m+1}.1.2\ 3\ \dots m(m + 1).$$

Substituons dans $Z(1)$, et nous trouvons

$$Z(1) = \frac{2^{m+1}.1.2.3\dots m(m + 1)}{(2m + 2)(2m + 1)\dots(m + 3)(m + 2)},$$

ou, ce qui est la même chose identiquement,

$$Z(1) = \frac{2^{m+1}.1.2\ 3\dots m(m + 1).1.2\ 3\dots m(m + 1)}{1.2.3\dots m(m + 1)(m + 2)\dots(2m + 1)(2m + 2)},$$

ou bien enfin, en enlevant le facteur $2^{m+1}.1.2.3\dots m(m + 1)$ commun au numérateur et au dénominateur,

$$Z(1) = \frac{1.2.3\dots m(m + 1)}{1.3.5\dots(2m - 1)(2m + 1)}.$$

2° CAS OU n EST PAIR. — Si n est pair et égal à $2m$, on ne peut annuler que m coefficients, et par conséquent on n'a que m équations pour déterminer les $m + 1$ inconnues x_0, x_1, x_2, ..., x_m. Il y a donc une infinité de manières de résoudre la question, puisque l'une de ces quantités reste indéterminée. Les équations qui les lient entre elles sont, en se reportant aux équations générales (5), où l'on fait $n = 2m$ et $q = m$,

$$\int_0^1 x^{\alpha+(m-1)i} P_m(x^i)\,dx = 0,$$

$$\int_0^1 x^{\alpha+(m-2)i} P_m(x^i)\,dx = 0,$$

$$\dots\dots\dots\dots\dots\dots\dots\dots\dots,$$

$$\int_0^1 x^{\alpha+i} P_m(x^i)\,dx = 0,$$

$$\int_0^1 x^{\alpha} P_m(x^i)\,dx = 0.$$

Comme on peut se donner une nouvelle relation arbitraire, nous poserons la $(m+1)^{ième}$ équation

$$\int_0^1 x^{\alpha+mi} P_m(x^i)\,dx = 0,$$

et x_0, x_1, ..., x_m seront encore les racines de l'équation $X(x^i) = 0$ que nous avons formée dans le cas précédent.

Proposons-nous de voir ce que deviennent ces nombres, lorsque l'on veut que l'un d'eux soit égal à zéro, c'est-à-dire lorsqu'on veut se servir de l'ordonnée à l'origine. Il suffit de remarquer que l'équation type

$$\int_0^1 x^p P_m(x^i)\,dx = 0,$$

qui peut s'écrire

$$(6) \qquad \int_0^1 x^{p+i} P_{m-1}(x^i)\,dx - x_0^i \int_0^1 x^p P_{m-1}(x^i)\,dx = 0,$$

devient, dans l'hypothèse de $x_0 = 0$,

$$\int_0^1 x^{p+i} P_{m-1}(x^i)\,dx = 0.$$

On en conclut que les équations qui déterminent x_1, x_2, ..., x_m sont,

5

dans cette hypothèse,

$$(7) \quad \begin{cases} \displaystyle\int_0^1 x^{\alpha+mi}\, \mathrm{P}_{m-1}(x^i)\, dx = 0, \\[2ex] \displaystyle\int_0^1 x^{\alpha+(m-1)i}\, \mathrm{P}_{m-1}(x^i)\, dx = 0, \\[1ex] \cdots\cdots\cdots\cdots\cdots\cdots\cdots, \\[1ex] \displaystyle\int_0^1 x^{\alpha+2i}\, \mathrm{P}_{m-1}(x^i)\, dx = 0, \\[2ex] \displaystyle\int_0^1 x^{\alpha+i}\, \mathrm{P}_{m-1}(x^i)\, dx = 0, \end{cases}$$

et par suite l'équation des abscisses est

$$\frac{d^m}{dx^m}\left[x^{\alpha+1+mi}(x^i-1)^m \right] = 0,$$

car ces équations ne diffèrent de celles que nous avons traitées dans le cas précédent que par le changement de α en $\alpha+i$, et de m en $m-1$.

Dans le cas particulier où l'on a $\alpha = 0$ et $i = 1$, cette équation devient

$$\frac{d^m}{dx^m}\left[x^{m+1}(x-1)^m \right] = 0,$$

et les ordonnées ne sont plus, comme dans le cas où n est impair, symétriques par rapport aux extrêmes, car, après le changement de x en $\dfrac{z+1}{2}$, cette équation contiendrait des termes de parité différente.

Cherchons de même à déterminer les nombres x_0, x_1, ..., x_m, de manière que l'un d'eux, x_m par exemple, soit égal à 1; c'est-à-dire, voyons quelles sont les ordonnées qui doivent marcher avec la dernière.

Les équations du problème s'obtiennent, dans ce cas, en faisant $x_0 = 1$ dans l'équation type (6), et sont

$$\int_0^1 x^{\alpha+mi}\, \mathrm{P}_{m-1}(x^i)\, dx - \int_0^1 x^{\alpha+(m-1)i}\, \mathrm{P}_{m-1}(x^i)\, dx = 0,$$

$$\int_0^1 x^{\alpha+(m-1)i}\, \mathrm{P}_{m-1}(x^i)\, dx - \int_0^1 x^{\alpha+(m-2)i}\, \mathrm{P}_{m-1}(x^i)\, dx = 0,$$

$$\dotfill,$$

$$\int_0^1 x^{\alpha+2i}\, \mathrm{P}_{m-1}(x^i)\, dx - \int_0^1 x^{\alpha+i}\, \mathrm{P}_{m-1}(x^i)\, dx = 0,$$

$$\int_0^1 x^{\alpha+i}\, \mathrm{P}_{m-1}(x^i)\, dx - \int_0^1 x^{\alpha}\, \mathrm{P}_{m-1}(x^i)\, dx = 0.$$

Si l'on y fait $\alpha = 0$ et $i = 1$, elles deviennent des conséquences des équations (7), où l'on aurait changé x en $1 - x'$, après y avoir fait les mêmes hypothèses. La dernière devient, en effet,

$$\int_0^1 (x' - 1)\, \mathrm{P}_{m-1}(x')\, dx' = 0,$$

ou bien

$$\int_0^1 x'\, \mathrm{P}_{m-1}(x')\, dx' - \int_0^1 \mathrm{P}_{m-1}(x')\, dx' = 0;$$

l'avant-dernière, qui est alors

$$\int_0^1 (x' - 1)^2\, \mathrm{P}_{m-1}(x')\, dx' = 0,$$

peut s'écrire

$$\int_0^1 x'^2\, \mathrm{P}_{m-1}(x')\, dx' - 2\int_0^1 x'\, \mathrm{P}_{m-1}(x')\, dx' + \int_0^1 \mathrm{P}_{m-1}(x')\, dx' = 0,$$

et devient, en vertu de la précédente,

$$\int_0^1 x'^2\, \mathrm{P}_{m-1}(x')\, dx' - \int_0^1 x'\, \mathrm{P}_{m-1}(x')\, dx' = 0;$$

et ainsi de suite. On en conclut que, dans ces hypothèses,

Les ordonnées qui marchent avec l'ordonnée à l'origine sont symétriques de celles qui marchent avec l'ordonnée extrême.

Mais il faut bien remarquer que cela n'est vrai que si l'on suppose $\alpha = 0$ et $i = 1$; sans cela, les dernières transformations ne pourraient plus se faire.

5.

Les coefficients A *correspondants aux ordonnées également distantes des extrêmes dans les deux cas sont d'ailleurs égaux.*

La formule

$$A_k = \frac{\displaystyle\int_0^1 \frac{P_{m-1}(x)\,dx}{x - x_k}}{\left(\dfrac{P_{m-1}(x)}{x - x_k}\right)_k},$$

qui donne les premiers, se transforme, en effet, dans celle qui donne les seconds par le changement de x en $1 - x'$, qui n'altère pas les limites de l'intégration.

D'après cela, si l'aire d'un segment parabolique de degré $2m$ est exprimée par la formule

$$S = A_0 y_0 + A_1 y_1 + A_2 y_2 + \ldots + A_m y_m,$$

dans laquelle y_0 est l'ordonnée à l'origine, et A_k, y_k, le coefficient et l'ordonnée correspondants au nombre x_k, elle le sera aussi par la formule

$$S = A'_0 y'_0 + A_1 y'_1 + A_2 y'_2 + \ldots + A_m y'_m,$$

dans laquelle y'_k est l'ordonnée correspondante au nombre $1 - x_k$. On a donc entre toutes ces ordonnées la relation

$$A_0(y_0 - y'_0) + A_1(y_1 - y'_1) + \ldots + A_m(y_m - y'_m) = 0,$$

qui est l'expression d'un théorème général sur les paraboles.

Il ne nous reste plus, avant de passer aux applications de cette théorie, qu'à énoncer le théorème suivant qui en est le résumé, et qui est en même temps la généralisation de celui de Gauss :

THÉORÈME. — *L'aire* $\displaystyle\int_0^h y\,dx$ *est la même pour toutes les paraboles comprises dans la forme générale*

$$y = x^\alpha \left[a + bx^i + cx^{2i} + \ldots + lx^{(2\mu+1)i}\right],$$

qui ont les $m + 1$ *ordonnées communes* $y_0, y_1, \ldots, y_m$ *que définit l'équa-*

tion $X(x^i) = 0$, *pourvu que* μ *soit au plus égal à* m, *et cette aire est donnée par la formule*

$$S = h(A_0 y_0 + A_1 y_1 + A_2 y_2 + \ldots + A_m y_m),$$

dans laquelle A_0, $A_1, \ldots, A_m$ *sont les nombres que nous savons calculer.*

§ III. — *Application aux quadratures approchées.*

Veut-on maintenant évaluer une aire quelconque

$$S = \int_0^h \varphi(x)\, dx :$$

on remarquera qu'il résulte de notre théorie que, si l'on calcule cette aire par la formule

$$S = h(A_0 y_0 + A_1 y_1 + A_2 y_2 + \ldots + A_m y_m),$$

dans laquelle y_0, y_1, $y_2, \ldots, y_m$ sont les valeurs de la fonction $\varphi(x)$ correspondantes aux racines de l'équation $X = 0$ multipliées par h, et A_0, A_1, $A_2, \ldots, A_m$ les nombres précédemment définis, on aura remplacé dans les limites considérées la courbe $y = \varphi(x)$ par une parabole de degré $\alpha + (2m+1)i$, ayant avec elle les $m+1$ ordonnées communes y_0, y_1, $y_2, \ldots, y_m$. Cette parabole n'est d'ailleurs pas déterminée complétement par ces ordonnées, et, pour achever sa détermination, on peut s'en donner $m+1$ autres arbitraires prises ou non parmi celles de la courbe proposée, car l'aire est définie entièrement par les $m+1$ premières; mais, si l'on veut parler aux yeux, on les prendra parmi celles de cette courbe, et on les choisira de manière à faire, autant que possible, pénétrer la parabole d'approximation dans toutes ses irrégularités.

En général, il sera plus simple de supposer $\alpha = 0$ et $i = 1$, car ces hypothèses permettent, comme on l'a vu, d'abaisser de moitié le degré de l'équation aux abscisses en nombre minimum et simplifient le calcul des coefficients A. Cependant, dans certains cas, il vaudra mieux leur donner une valeur convenable. Ainsi, par exemple, si la courbe

$y = \varphi(x)$ a un point de contact multiple avec l'axe des x à l'origine, en donnant une certaine valeur à α on remplace cette courbe par une autre ayant également un contact multiple à l'origine avec l'axe des x, et l'on peut dire alors que, si le contact est d'ordre α, les deux courbes ont α points communs de plus confondus en un seul.

Limite supérieure de l'erreur commise. — On peut avoir une limite supérieure de l'erreur commise dans l'application de cette méthode en opérant comme il suit : On commencera par former l'équation $y = \psi(x)$ de la parabole d'approximation ayant avec la courbe proposée les $m + 1$ ordonnées communes que définit l'équation $X = o$ et $m + 1$ autres arbitraires, que l'on choisira de manière à faire pénétrer cette parabole dans toutes les irrégularités de la courbe considérée; puis on calculera les racines de l'équation

$$\frac{d}{dx}[\psi(x) - \varphi(x)] = o,$$

qui se trouvent séparées dans l'intervalle de $x = o$ à $x = h$. Cela pourra se faire assez rapidement au moyen de la méthode d'approximation de Newton. On connaîtra ainsi les valeurs de x qui rendent la fonction

$$\psi(x) - \varphi(x)$$

maximum ou minimum dans les limites considérées. On calculera les valeurs correspondantes de cette fonction avec autant d'approximation que possible, et, en multipliant chacune d'elles par l'intervalle Δx correspondant, on aura évidemment une limite supérieure de l'erreur commise dans cet intervalle, et l'on pourra ainsi calculer ces limites pour chaque intervalle. L'erreur commise en plus est plus petite que la somme de ces limites qui correspondent aux maximums, et l'erreur commise en moins est plus petite que la somme de celles qui correspondent aux minimums. La plus grande de ces deux sommes est donc la limite supérieure cherchée.

S'il s'agit d'une fonction $\varphi(x)$ développée en série, la méthode de quadrature peut recevoir l'interprétation suivante. Soit

$$x^\alpha \left[a + bx^i + cx^{2i} + dx^{3i} + \ldots + lx^{(m+1)i} + px^{(2m+2)i} + \ldots \right]$$

le développement en série de cette fonction. Appliquer la méthode à cette fonction revient évidemment à l'appliquer à chaque terme; or il résulte du théorème par lequel nous avons résumé notre théorie que cette méthode donne la quadrature exacte des $2m + 2$ premiers termes : les erreurs ne commencent donc qu'au $(2m + 3)^{ième}$ terme, et l'expression de l'erreur commise sur ce terme sera

$$E = \frac{ph^{\alpha+1+(2m+2)i}}{\alpha+1+(2m+2)i} - ph^{\alpha+1+(2m+2)i}\left[A_0 x_0^{(2m+2)i} + A_1 x_1^{(2m+2)i} + \ldots + A_m x_m^{(2m+2)i}\right],$$

ou bien, en mettant $ph^{\alpha+1+(2m+2)i}$ en facteur,

$$E = ph^{\alpha+1+(2m+2)i}\left[\frac{1}{\alpha+1+(2m+2)i}\right.$$
$$\left. - A_0 x_0^{(2m+2)i} - A_1 x_1^{(2m+2)i} - A_2 x_2^{(2m+2)i} - \ldots - A_m x_m^{(2m+2)i}\right].$$

On évaluerait d'une manière analogue l'erreur commise sur chacun des termes suivants, et l'on pourra par conséquent s'en faire une idée.

L'application de la méthode de Gauss, qui supposera toujours $\alpha = 0$ et $i = 1$, laissant les erreurs subsister à partir du degré $2m + 2$, donnera donc une moins grande approximation que la nôtre dans les cas où ces conditions ne seront pas remplies; et cela arrivera souvent, car on a très-fréquemment des développements de la forme

$$a + bx^2 + cx^4 + dx^6 + \ldots + lx^{(2m+1)2} + px^{(2m+2)2} + \ldots,$$
ou bien
$$x\left[a + bx^2 + cx^4 + \ldots + lx^{(2m+1)2} + px^{(2m+2)2} + \ldots\right].$$

Avec $m + 1$ ordonnées, la méthode de Gauss ne tiendrait compte que de $m + 1$ termes de la première série et de m termes de la seconde, tandis que la nôtre rejettera les erreurs au delà du $(2m + 2)^{ième}$ dans les deux cas. Il est vrai que nous avons une équation du $(m + 1)^{ième}$ degré à résoudre et $m + 1$ coefficients distincts à calculer, tandis que dans la méthode de Gauss il y en aurait en réalité moitié moins; mais ce sont là des calculs qui se font une fois pour toutes, et dont il n'y a par conséquent pas à tenir compte. On a d'ailleurs le même nombre de valeurs de la fonction à calculer dans les deux cas. Il sera donc convenable de calculer, outre les abscisses et les coefficients A de Gauss, les nombres correspondants que nous donne notre théorie dans les hypothèses de $\alpha = 0$ et $i = 2$, ou bien $\alpha = 1$ et $i = 2$. Ce sont les cas qui se présentent le plus souvent.

Évaluation de certains volumes. — Tout ce que nous venons d'exposer peut servir à l'évaluation du volume compris entre le plan des xy, un plan parallèle quelconque $z = h$, et les surfaces dont les aires des sections parallèles au plan des xy sont des fonctions rationnelles et entières de z.

Ce volume est en effet donné par l'intégrale

$$V = \int_0^h S \, dz,$$

dans laquelle S est une expression de la forme

$$z^\alpha (a + bz^i + cz^{2i} + \ldots + lz^{ni}),$$

et c'est alors une intégrale comme celles que nous avons considérées. Il suffira de remplacer dans nos énoncés les mots *aire, abscisse* et *ordonnée* par les mots *volume, distance au plan des xy* et *section.*

Parmi les surfaces auxquelles cela peut s'appliquer, nous citerons : le *cylindre,* le *conoïde droit,* le *cône,* les *surfaces du second ordre* en général, toutes les *surfaces réglées* et les *surfaces de révolution autour de l'axe des z dont la méridienne a pour équation*

$$y^2 = z^\alpha (a + bz^i + cz^{2i} + \ldots).$$

§ IV. — *Examen de quelques cas particuliers.*

Nous allons maintenant faire l'application de notre théorie à quelques cas particuliers; nous serons ainsi conduits à un parallèle entre les surfaces et les volumes que l'on considère d'habitude en géométrie, à quelques énoncés intéressants et à la nouvelle formule de quadrature approchée que nous voulons proposer.

$1°$ *Degré* 0. — L'ordonnée de la parabole est constante ainsi que la section de la surface: c'est le cas de l'aire d'un *rectangle* ou du volume d'un *cylindre*. Surface et volume sont donnés par les formules

$$S = hy_0 \quad \text{et} \quad V = hS_0.$$

2° *Degré* 1. — On a

$$y = a + bx \quad \text{et} \quad S = a + bz :$$

c'est le cas du *trapèze* ou du *triangle* et du *conoïde* engendré par une droite qui se meut en s'appuyant constamment sur une courbe plane fixe et sur une droite parallèle au plan de cette courbe, et en restant toujours parallèle à un autre plan déterminé. Il est facile de voir, en effet, que l'aire d'une section quelconque faite dans cette surface par un plan parallèle à la courbe directrice est proportionnelle à la distance de ce plan à la droite directrice; elle est donc de la forme $a + bz$, a étant l'aire de la courbe directrice, b un coefficient constant et z la distance de la section au plan de cette courbe.

On peut, d'une infinité de manières, évaluer l'aire ou le volume au moyen de deux ordonnées ou bien de deux sections. En particulier, si l'on prend les ordonnées ou les sections extrêmes, on trouve pour la surface

$$S = \frac{h}{2}(y_0 + y_1),$$

et pour le volume

$$V = \frac{h}{2}(S_0 + S_1);$$

la première formule donne l'expression connue de l'aire d'un trapèze. S'il s'agit d'un triangle, ou bien de la portion du volume du conoïde comprise entre les deux directrices, il faut faire $y_1 = o$ et $S_1 = o$; on trouve alors

$$S = \frac{h}{2}y_0 \quad \text{et} \quad V = \frac{h}{2}S_0.$$

L'équation des abscisses en nombre minimum est du premier degré, et s'obtient en faisant $\alpha = o$, $i = 1$, $m = o$ dans l'équation générale; c'est

$$x - \frac{1}{2} = o, \quad \text{d'où} \quad x = \frac{1}{2};$$

le coefficient correspondant A_0 est égal à 1. Surface et volume s'expriment donc en fonction de l'ordonnée moyenne ou de la section moyenne, par les formules

$$S = h y_0 \quad \text{et} \quad V = h S_0.$$

3° *Deuxième degré*. — On a

$$y = a + bx + cx^2,$$
$$S = a + bz + cz^2.$$

Ce cas comprend : la *parabole du second degré*, le *cône*, les *surfaces du second ordre* et toutes les *surfaces réglées*.

Il y a une infinité de manières d'exprimer la surface ou le volume au moyen de trois ordonnées ou de trois sections. Si l'on prend, comme Cotes, les extrêmes et la moyenne, c'est-à-dire si l'on pose

$$x_0 = 0, \quad x_1 = \frac{1}{2}, \quad x_2 = 1,$$

on trouve

$$A_0 = \frac{1}{6}, \quad A_1 = \frac{4}{6}, \quad A_2 = \frac{1}{6},$$

et l'on a

$$S = \frac{h}{6} (y_0 + 4y_1 + y_2),$$

$$V = \frac{h}{6} (S_0 + 4S_1 + S_2).$$

En particulier, s'il s'agit d'un cône, $S_2 = 0$, et comme on a $S_0 = 4S_1$, il vient

$$V = \frac{h}{3} S_0;$$

c'est l'expression connue du volume du cône.

Nous démontrerons plus loin, par la géométrie élémentaire, la formule précédente, dans le cas d'une surface réglée et d'une sphère. Nous allons, d'ailleurs, laisser de côté les volumes pour ne plus nous occuper que des aires; il n'y aura qu'à étendre aux surfaces ce que nous dirons pour les paraboles.

Dans ce cas, comme n est pair et égal à 2, on ne peut pas exprimer la surface avec moins de deux ordonnées, mais on peut le faire d'une infinité de manières.

Nous supposons toujours que l'on a $\alpha = 0$ et $i = 1$.

Parmi les systèmes d'ordonnées que l'on peut choisir, nous remarquerons d'abord celui qui correspond aux racines de l'équation du second degré des abscisses en nombre minimum,

$$x^2 - x + \frac{1}{6} = 0,$$

d'où

$$x = \frac{1}{2} \pm \frac{1}{6}\sqrt{3};$$

les coefficients correspondants A_0 et A_1 sont égaux à $\frac{1}{2}$; on a donc

$$S = \frac{h}{2}(y_0 + y_1).$$

Nous retrouverons cette formule pour les paraboles du troisième degré, et nous donnerons alors son interprétation géométrique, ainsi que son usage pour les quadratures.

Avec l'ordonnée à l'origine, il faudrait prendre l'autre menée aux $\frac{2}{3}$ de h; les coefficients A correspondants sont d'ailleurs égaux à $\frac{1}{4}$ et $\frac{3}{4}$; on a donc

$$S = \frac{h}{4}(y_0 + 3y_1).$$

Avec l'ordonnée extrême, il faudrait prendre l'autre menée au tiers de h; les coefficients correspondants sont $\frac{3}{4}$ et $\frac{1}{4}$, et par suite

$$S = \frac{h}{4}(3y'_0 + y'_1).$$

Ces résultats vérifient notre théorie générale, et leur comparaison donne

$$y_0 - y'_1 = 3(y'_0 - y_1),$$

ce qui prouve que :

Étant données quatre ordonnées équidistantes d'une parabole du second degré, la différence des extrêmes est triple de la différence des moyennes.

6.

On aurait un théorème analogue pour les surfaces.

Enfin la relation qui lie les abscisses en nombre minimum étant, dans ce cas,

$$x_0 x_1 - \frac{1}{2}(x_0 + x_1) + \frac{1}{3} = 0,$$

on reconnaît aisément que leur rapport ne saurait être compris entre $\frac{1}{3}$ et 3.

Dans deux cas particuliers on pourra évaluer l'aire ou le volume au moyen d'une seule ordonnée, c'est lorsque a ou b seront nuls. Supposons d'abord que b soit nul, l'équation de la courbe est de la forme

$$y = a + cx^2,$$

et l'abscisse qui résout le problème s'obtient en faisant, dans notre équation générale, $m = 0$, $\alpha = 0$ et $i = 2$: elle devient

$$x^2 - \frac{1}{3} = 0, \quad \text{d'où} \quad x_0 = \frac{\sqrt{3}}{3};$$

le coefficient correspondant est d'ailleurs $A_0 = 1$; donc

$$S = hy_0,$$

y_0 étant l'ordonnée qui correspond à $x = hx_0 = \frac{\sqrt{3}}{3}h$.

Si c'est le coefficient a qui est nul, l'équation de la courbe est

$$y = x(b + cx),$$

et l'on obtient l'abscisse cherchée, en faisant dans l'équation $X = 0$, $\alpha = 1$, $i = 1$, $m = 0$; on trouve alors

$$x - \frac{2}{3} = 0, \quad \text{d'où} \quad x_0 = \frac{2}{3},$$

et l'on a pour coefficient $A_0 = \frac{3}{4}$; donc

$$S = \frac{3h}{4}y_0,$$

y_0 étant l'ordonnée correspondante à $x = x_0 h = \frac{2h}{3}$.

4° *Troisième degré.* — L'équation de la parabole est

$$y = a + bx + cx^2 + dx^3.$$

Il résulte de notre théorie, que l'on peut exprimer l'aire $\int_0^h y\,dx$ d'une infinité de manières, au moyen de quatre ou bien de trois ordonnées; mais qu'on ne peut le faire que d'une seule manière, au moyen de deux.

En posant $x_0 = 0$, $x_1 = \frac{1}{3}$, $x_2 = \frac{2}{3}$, $x_3 = 1$, on trouverait pour A_0, A_1, A_2, A_3, les nombres de Cotes, qui sont :

$$A_0 = A_3 = \frac{1}{8}, \quad A_1 = A_2 = \frac{3}{8}.$$

Au lieu de ce système d'abscisses, choisissons le suivant, dans lequel x_3 est arbitraire,

$$x_0 = 0, \quad x_1 = \frac{1}{2}, \quad x_2 = 1, \quad x_3.$$

Il résulte du théorème général (2) que nous avons démontré en commençant, que nous devons trouver les nombres du second degré, A_3 étant nul. On trouve, en effet,

$$A_0 = \frac{1}{6}, \quad A_1 = \frac{4}{6}, \quad A_2 = \frac{1}{6}; \quad A_3 = 0,$$

donc

$$S = \frac{h}{6}(A_0 y_0 + 4 A_1 y_1 + A_2 y_2).$$

On peut donc dire que :

Toutes paraboles du second et du troisième degré qui ont trois ordonnées communes équidistantes comprennent la même aire entre elles et les ordonnées extrêmes.

Ce qui n'est d'ailleurs qu'un cas particulier de notre théorème général.

L'équation des abscisses en nombre minimum est dans ce cas du second degré; nous l'avons déjà résolue dans le cas précédent, et nous savons que la surface est donnée par la formule

$$S = \frac{h}{2}(y_0 + y_1),$$

y_0 et y_1 étant les ordonnées de la parabole du troisième degré correspondantes à

$$x = \frac{h}{2}\left(1 \pm \frac{\sqrt{3}}{3}\right).$$

Cette expression de l'aire d'un segment parabolique du second ou du troisième degré est susceptible de l'interprétation géométrique suivante :

Soit ABab l'aire comprise entre la droite AB, les ordonnées Aa, Bb et l'arc ab de parabole du deuxième ou du troisième degré. On trouve les ordonnées y_0 et y_1 qui déterminent avec $AB = h$ la surface, en éle-

Fig. 1.

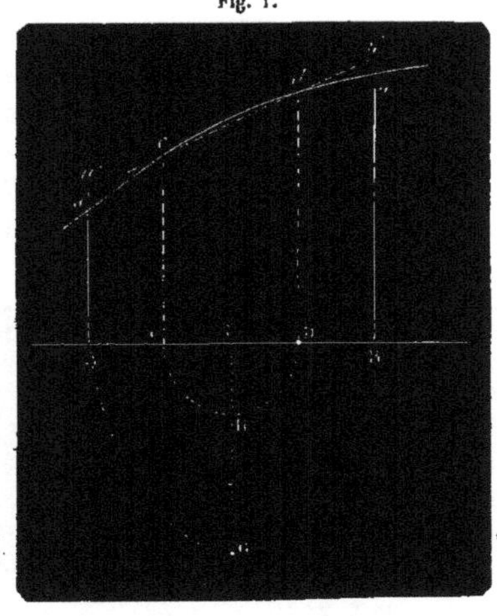

vant au point F milieu de AB une perpendiculaire FG sur cette droite et décrivant, du point B comme centre avec AB pour rayon, un arc de cercle qui coupe cette perpendiculaire au point G ; la longueur FG ainsi déterminée est égale à $\dfrac{AB\sqrt{3}}{2}$. Si l'on en prend le $\frac{1}{3}$, FH, et qu'on rabatte

FH de part et d'autre du point F sur AB, on obtient les points C et D qui sont les pieds des ordonnées cherchées, car on a évidemment

$$AC = AB\left(\frac{1}{2} - \frac{\sqrt{3}}{6}\right)$$

et

$$AD = AB\left(\frac{1}{2} + \frac{\sqrt{3}}{6}\right).$$

Nos ordonnées sont donc Cc et Dd, et la formule prouve que :

L'aire du segment parabolique ABab *est équivalente à l'aire du trapèze* AB$a'b'$ *déterminé avec les ordonnées extrêmes par la droite* cd *prolongée.*

Ces constructions, qui peuvent se faire facilement sur le papier et même sur le terrain, permettront d'évaluer assez approximativement une aire limitée par une ligne courbe, et en ne faisant qu'un nombre très-restreint de mesures.

Ce résultat, qui n'est qu'une application du théorème de Gauss, conduit à la méthode suivante de quadrature approximative.

Soit à évaluer la surface comprise entre une courbe quelconque ab, la droite AB et les deux perpendiculaires Aa, Bb à cette droite. On divisera d'abord la base AB en n parties égales AC, CD, DE, EB, puis on prendra les milieux F, G, H, K de chaque portion. On fera, sur la

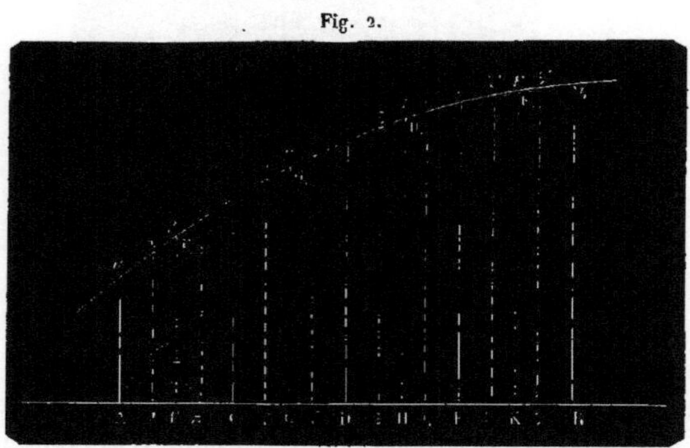
Fig. 2.

première, la construction que nous indiquions tout à l'heure pour déterminer les points α et β. On connaîtra ainsi la longueur Fα que l'on

(48)

portera à droite et à gauche de chacun des milieux F, G, H, K, ce qui fournira $2n$ points α, β, γ, δ, ε, η,... ζ, θ. On mesurera les ordonnées correspondantes $\alpha\alpha'$, $\beta\beta'$, $\gamma\gamma'$, $\delta\delta'$,..., et en calculant la surface par la formule

$$S = \frac{AB}{2n}(\alpha\alpha' + \beta\beta' + \delta\delta' + \ldots + \zeta\zeta' + \theta\theta'),$$

on aura la plus grande approximation que l'on puisse obtenir en remplaçant dans chacune de ses n parties ac, cd, de, eb, la courbe considérée par une parabole du troisième degré passant par les points α' et β' ou γ' et δ',..., c'est-à-dire qu'on aura l'approximation de $4n$ ordonnées dont $2n$ sont arbitraires. En particulier, on peut imaginer qu'on a pris pour ordonnées arbitraires celles qui correspondent aux $2n$ points A, F, C, G, D,...; on aura ainsi un système de $4n$ ordonnées dont $2n$ sont équidistantes entre elles, et dont l'une des $2n$ autres est située entre deux des précédentes.

On peut encore réduire le nombre des mesures que nécessite cette méthode; en effet, menons les cordes $\alpha'\beta'$, $\gamma'\delta'$,..., qui coupent les ordonnées des points F, G,..., en F_1, G_1,...; il suffira de mesurer les n lignes FF_1, GG_1,..., et comme on a

$$FF_1 = \frac{\alpha\alpha' + \beta\beta'}{2}, \quad GG_1 = \frac{\gamma\gamma' + \delta\delta'}{2}, \ldots,$$

la surface sera donnée par la formule

$$S = \frac{AB}{n}(FF_1 + GG_1 + \ldots).$$

Ainsi, pour avoir l'approximation de $4n$ ordonnées, il suffira de mesurer n lignes et la base AB.

Telle est la marche que l'on peut suivre pour évaluer approximativement l'aire limitée par une ligne courbe donnée sur le papier ou sur le terrain.

Supposons maintenant qu'il s'agisse d'évaluer une intégrale définie de la forme

$$\int_0^h \varphi(x)\,dx,$$

$$(49)$$

on appliquera la formule

$$S = \frac{h}{2n}\left(y_0 + y_1 + y_2 + \ldots + y_{2n-1}\right);$$

$y_0, y_1, y_2, \ldots, y_{2n-1}$, étant les $2n$ ordonnées correspondantes aux valeurs de x :

$$x_0 = \frac{h}{2n}\left(1 - \frac{\sqrt{3}}{3}\right), \qquad x_1 = \frac{h}{2n}\left(1 + \frac{\sqrt{3}}{3}\right),$$

$$x_2 = \frac{h}{2n}\left(3 - \frac{\sqrt{3}}{3}\right), \qquad x_3 = \frac{h}{2n}\left(3 + \frac{\sqrt{3}}{3}\right),$$

$$\ldots\ldots\ldots\ldots\ldots, \qquad \ldots\ldots\ldots\ldots\ldots,$$

$$x_{2n-2} = \frac{h}{2n}\left(2n - 1 - \frac{\sqrt{3}}{3}\right), \quad x_{2n-1} = \frac{h}{2n}\left(2n - 1 + \frac{\sqrt{3}}{3}\right),$$

ce n'est évidemment autre chose que la traduction analytique de la méthode géométrique que nous venons de développer.

Exemples : 1° *Calcul de π.* — Proposons-nous, comme application de cette méthode, de calculer le nombre π par la formule

$$\frac{\pi}{4} = \int_0^1 \frac{dx}{1 + x^2}.$$

Nous aurons avec quatre ordonnées, c'est-à-dire en faisant $n = 2$,

$$S = \frac{\pi}{4} = \frac{1}{4}\left(y_0 + y_1 + y_2 + y_3\right);$$

or on a

$$y_0 = \frac{1}{1 + \frac{1}{16}\left(1 - \frac{\sqrt{3}}{3}\right)^2} = \frac{24}{26 - \sqrt{3}},$$

$$y_1 = \frac{1}{1 + \frac{1}{16}\left(1 + \frac{\sqrt{3}}{3}\right)^2} = \frac{24}{26 + \sqrt{3}},$$

$$y_2 = \frac{1}{1 + \frac{1}{16}\left(3 - \frac{\sqrt{3}}{3}\right)^2} = \frac{24}{38 - 3\sqrt{3}},$$

$$y_3 = \frac{1}{1 + \frac{1}{16}\left(3 + \frac{\sqrt{3}}{3}\right)^2} = \frac{24}{38 + 3\sqrt{3}}.$$

7

il vient donc, après substitution,

$$48 \div \pi = 24\left(\frac{1}{26-\sqrt{3}} + \frac{1}{26+\sqrt{3}} + \frac{1}{38-3\sqrt{3}} + \frac{1}{38+3\sqrt{3}}\right).$$

ou bien, en faisant les réductions successives,

$$\pi = 24\left(\frac{52}{673} + \frac{76}{1417}\right) = \frac{2995968}{953641}.$$

Le calcul de cette fraction donne

$$\pi = 3,141609\ldots;$$

or la valeur exacte de π est

$$\pi = 3,141592\ldots;$$

l'erreur commise est donc plus petite que 0,00002.

Avec $6n$ ordonnées, c'est-à-dire en faisant $n = 3$, on trouverait

$$\pi = 3,141593.$$

2^{u} *Calcul de* $L(2)$. — Calculons encore le logarithme népérien de 2 qui est donné par la formule

$$L(2) = \int_0^1 \frac{dx}{1+x}.$$

Les valeurs des ordonnées dont nous devons nous servir sont

$$y_0 = \frac{1}{1 + \frac{1}{4}\left(1 - \frac{\sqrt{3}}{3}\right)} = \frac{12}{15-\sqrt{3}},$$

$$y_1 = \frac{1}{1 + \frac{1}{4}\left(1 + \frac{\sqrt{3}}{3}\right)} = \frac{12}{15+\sqrt{3}},$$

$$y_2 = \frac{1}{1 + \frac{1}{4}\left(3 - \frac{\sqrt{3}}{3}\right)} = \frac{12}{21-\sqrt{3}},$$

$$y_3 = \frac{1}{1 + \frac{1}{4}\left(3 + \frac{\sqrt{3}}{3}\right)} = \frac{12}{21+\sqrt{3}},$$

on a donc

$$S = L(2) = 3\left(\frac{1}{15-\sqrt{3}} + \frac{1}{15+\sqrt{3}} + \frac{1}{21-\sqrt{3}} + \frac{1}{21+\sqrt{3}}\right),$$

ou bien, en faisant les réductions,

$$S = L(2) = 3\left(\frac{30}{222} + \frac{42}{438}\right) = \frac{1872}{2701}.$$

Le calcul de cette fraction donne

$$L(2) = 0,69307\ldots$$

Avec six ordonnées on trouverait

$$L(2) = 0,69313\ldots,$$

tandis que la valeur exacte est

$$L(2) = 0,693147180\ldots;$$

l'erreur ne porte donc que sur la cinquième décimale, et les calculs sont très-simples.

Gauss, avec cinq ordonnées et des calculs beaucoup plus pénibles, trouverait

$$0,693141\ldots,$$

et Cotes, avec dix ordonnées, n'aurait qu'une décimale exacte de plus.

Cette méthode donnera donc dans beaucoup de cas, et très-rapidement, une approximation suffisante pour l'aire d'une surface courbe ou pour la valeur d'une intégrale définie. Quant au degré d'approximation qu'elle fournit, on pourra le déterminer dans chaque cas particulier en cherchant comme nous l'avons dit d'une manière générale une limite supérieure de l'erreur commise dans chaque intervalle; et s'il s'agit d'une fonction développée en série, comme les erreurs dans chaque intervalle ne commenceront qu'au cinquième terme de la série, on verra facilement de quel ordre elles sont.

Nous terminerons ici les applications que l'on pourrait poursuivre beaucoup plus loin, en remarquant qu'il serait facile d'établir d'autres lois de quadrature approximative analogues à la précédente, en se servant d'arcs de parabole du cinquième, du septième, du neuvième, etc., degré; mais elles seraient plus compliquées. Dans tous les cas, on aura, avec n ordonnées convenablement déterminées, l'approximation que l'on peut obtenir en y joignant n autres ordonnées complétement arbitraires.

Disons enfin que l'on pourra dresser, sans autre difficulté que la longueur des calculs, une table donnant les nombres x_0, x_1, x_2, ..., et les coefficients correspondants A_0, A_1, A_2, ... pour les différents degrés de l'équation $X = 0$, jusqu'au dixième, par exemple; pour cette limite elle-même, on n'aura qu'une équation du cinquième degré à résoudre, dans l'hypothèse de $\alpha = 0$ et $i = 1$ (*). Si l'on donnait d'autres valeurs à α et i, et il sera bon de le faire, comme nous l'avons prouvé, il faudra résoudre une équation complète du dixième degré.

On pourra également calculer, une fois pour toutes, les premières puissances ou bien leurs logarithmes des nombres x_0, x_1, x_2, ...

§ V. — *Étude géométrique du volume compris entre une surface réglée et deux plans parallèles quelconques.*

Nous allons maintenant donner une démonstration géométrique purement élémentaire de l'expression que fournit le théorème de Cotes pour le volume compris entre une surface réglée quelconque et deux plans parallèles, et qui se traduit par l'énoncé suivant :

Le volume du solide compris entre deux plans parallèles et une surface réglée quelconque, est égal à la somme des volumes de trois cônes ayant pour hauteur commune la demi-distance des bases parallèles, et pour bases respectives : l'un la base inférieure, l'autre la base supérieure, et le troisième quatre fois la section moyenne.

Considérons d'abord le solide compris entre deux triangles ABC et A′B′C′ situés dans des plans parallèles et reliés entre eux par des quadrilatères plans ou gauches AA′BB′, BB′CC′, AA′CC′, que nous regar-

---

(*) Gauss donne les résultats de ces calculs jusqu'au septième degré inclusivement dans les Mémoires de Göttingue.

derons comme formés chacun de deux triangles, et soit DEFGHK la
section faite dans ce polyèdre par un plan également distant des deux
bases ABC et A′B′C′; cette section est un hexagone dont les sommets

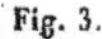

Fig. 3.

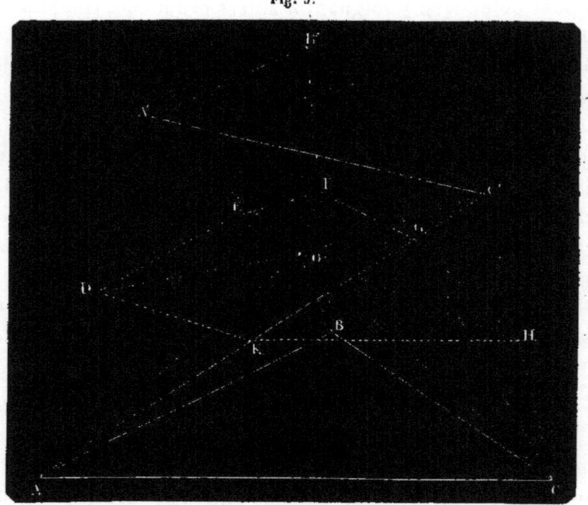

sont les milieux des droites AA′, A′B, BB′, B′C, CC′, C′A. Nous pouvons prendre un point quelconque O dans le plan de cette section, et
regarder ce point comme le sommet de pyramides ayant pour bases les
triangles ABC et A′B′C′. Ces deux pyramides ont pour hauteur commune
la demi-distance des bases parallèles du solide, et pour bases respectives, l'une la base inférieure, et l'autre la base supérieure du même
solide. Enlevons ces deux pyramides, il nous en restera six autres ayant
le même sommet O et pour bases les six triangles qui limitent latéra-
lement le solide proposé. Or la pyramide OAA′B est égale à quatre
fois la pyramide ODA′E, puisqu'elles ont même sommet O et que le
triangle ADE est le quart du triangle AA′B; et comme cette dernière
pyramide peut être considérée comme ayant pour sommet le point A′
et pour base le triangle ODE, il en résulte que la pyramide OAA′B est
égale à quatre fois une pyramide ayant pour hauteur la demi-distance

des plans ABC et A'B'C', et pour base une portion ODE de la section moyenne.

Pour la même raison, la pyramide OA'BB' est égale à quatre fois la pyramide OEFB, qui peut être regardée comme ayant pour sommet le point B, c'est-à-dire pour hauteur celle de la précédente, et pour base le triangle OEF de la section moyenne.

Le même raisonnement se répéterait pour les quatre autres pyramides. Les six pyramides considérées peuvent donc être remplacées par quatre fois six autres pyramides ayant pour hauteur la demi-hauteur du solide et pour bases les six triangles dont se compose la section moyenne; et, par conséquent, on peut remplacer leur somme par une seule pyramide ayant la même hauteur et pour base quatre fois la section moyenne.

Le polyèdre considéré est donc la somme de trois pyramides ayant pour hauteur commune la moitié de sa hauteur, et, pour bases respectives, l'une sa base inférieure, l'autre sa base supérieure, et la troisième quatre fois sa section moyenne.

Remarque. — Le même énoncé convient évidemment au cas où l'un des deux triangles de base se réduirait à une ligne droite, car notre raisonnement est indépendant de la position du point C', et l'on peut supposer qu'il vienne coïncider avec le sommet B'.

Cela posé, considérons le polyèdre compris entre deux polygones d'un nombre quelconque de côtés, dont les plans sont parallèles, et qui sont reliés entre eux par des triangles. On pourra toujours décomposer ces deux polygones en triangles par leurs diagonales et, par suite, considérer le polyèdre proposé comme la somme de polyèdres analogues à celui que nous venons d'étudier.

Soient P_1, P_2, $P_3,\ldots$ les volumes de ces polyèdres, $(B_1,\ b_1,\ M_1)$, $(B_2,\ b_2,\ M_2),\ldots$ les bases et section moyenne de chacun d'eux, on aura, en désignant par h la distance des deux bases polygonales et traduisant analytiquement le théorème que nous venons de démontrer,

$$P_1 = \frac{h}{6}(B_1 + 4M_1 + b_1),$$

$$P_2 = \frac{h}{6}(B_2 + 4M_2 + b_2),$$

$$\ldots\ldots\ldots\ldots\ldots\ldots\ldots,$$

et l'on trouve, en faisant la somme de ces égalités, la formule

$$V = \frac{h}{6}(B + 4M + b),$$

où V représente le volume du polyèdre proposé, B, b et M ses bases et sa section moyenne.

De là on passe immédiatement au cas d'une surface réglée quelconque, développable ou non, en imaginant que le nombre des côtés de nos deux polygones augmente indéfiniment, leurs sommets se trouvant toujours deux à deux aux extrémités d'une même génératrice rectiligne de la surface ; car on remplace ainsi la surface courbe proposée par une surface polyédrale à laquelle s'applique le théorème, et son volume est la limite du volume de ce polyèdre. Ainsi se trouve démontré le résultat annoncé.

Cette démonstration tout élémentaire d'un théorème très-général pourrait être introduite dans l'enseignement, et l'on en déduirait très-aisément les expressions connues du volume du tronc de pyramide et du volume du tronc de prisme, ainsi que le cubage des mètres de pierres, fossés ou tombereaux. On pourrait également l'appliquer au cubage des troncs d'arbres et des tonneaux.

Volume du segment sphérique. — On sait que le volume du segment sphérique est donné, en appelant R, r, h les rayons de ses deux bases et sa hauteur, par la formule

$$V = \frac{\pi h}{6}(3R^2 + 3r^2 + h^2).$$

Or il est aisé de vérifier que le rayon R' de la section moyenne est lié aux rayons des deux bases par la relation

$$4R'^2 = 2R^2 + 2r^2 + h^2 ;$$

donc

$$V = \frac{\pi h}{6}(R^2 + r^2 + 4R'^2),$$

ce qui prouve que le volume du segment sphérique est la somme des volumes de trois cônes ayant pour hauteur commune la moitié de sa hauteur, et pour bases, l'un la base inférieure, l'autre la base supérieure, et le troisième quatre fois la section moyenne.

Vu et approuvé.

Le 21 avril 1868.

Le Doyen de la Faculté des Sciences,

MILNE EDWARDS.

Permis d'imprimer.

Le 22 avril 1868.

Le Vice-Recteur de l'Académie de Paris,

A. MOURIER.

DEUXIÈME THÈSE.

MÉMOIRE DE MÉCANIQUE ANALYTIQUE.

SUR LES MOUVEMENTS SIMULTANÉS D'UN SYSTÈME DE POINTS MATÉRIELS
ASSUJETTIS A RESTER CONSTAMMENT
DANS UN PLAN PASSANT PAR L'ORIGINE DES COORDONNÉES.

La question que nous nous proposons d'étudier est la suivante :

Déterminer le mouvement d'un système de points matériels assujettis à rester constamment dans un plan passant par un point fixe, soumis à leur attraction mutuelle et à celle du point fixe ; l'attraction étant d'ailleurs une fonction quelconque de la distance.

M. Bour, s'occupant, après M. J. Bertrand, d'un cas particulier de cette question, celui où le nombre des points mobiles est réduit à deux, est arrivé à remplacer les douze inconnues du problème par huit autres :

$$l_1, \quad l_2, \quad l_3, \quad l_4,$$
$$n_1, \quad n_2, \quad n_3, \quad n_4,$$

fonctions des neuf qu'avait déjà trouvées M. J. Bertrand, et telles qu'on a, pour l'équation différentielle qui définit les intégrales du problème indépendantes du temps, conformément au type habituel,

$$\sum_{i=1}^{i=4} \left(\frac{d\mathrm{H}}{dn_i} \frac{dz}{dl_i} - \frac{d\mathrm{H}}{dl_i} \frac{dz}{dn_i} \right) = 0,$$

8

H étant la quantité qui reste constante en vertu du principe des forces vives ; et son travail se résume dans le théorème suivant :

Pour intégrer le problème des Trois corps dans le cas le plus général, il suffit de résoudre le cas où le mouvement a lieu dans un plan, et d'avoir ensuite égard à une fonction perturbatrice égale au produit d'une constante dépendant des aires par la somme des moments d'inertie des corps autour de la trace du plan des Trois corps sur le plan invariable, divisé par le carré de la surface du triangle dont ils sont les trois sommets.

Je suis également arrivé, en considérant un nombre quelconque de points, à réduire de quatre unités le nombre des variables indépendantes, tout en conservant aux dernières équations leur forme canonique ; et ce résultat, que M. Bour a tiré d'un théorème démontré par lui sur la réduction du nombre des variables indépendantes dans les problèmes de mécanique, après avoir construit quatre tableaux qui ont dû exiger des calculs très-pénibles, je l'ai obtenu simplement et directement au moyen des trois intégrales des aires.

Enfin j'ai, comme **M. Bour**, ramené l'étude du mouvement dans l'espace à celle du mouvement plan, par la considération d'une fonction perturbatrice qui comprend la sienne comme cas particulier.

§ I.

Considérons un système de points matériels assujettis à rester constamment dans un plan passant par l'origine des coordonnées et désignons, d'après l'usage, par U la fonction des forces qui ne contiendra dans son expression que les distances des points mobiles entre eux, et leurs distances à l'origine.

Nous déterminerons à chaque instant la position du plan mobile par son inclinaison i sur le plan des xy et par l'angle φ que fait sa trace OR sur ce plan avec Ox. Chacun des points mobiles sera d'ailleurs déterminé dans ce plan, si l'on connaît le rayon vecteur OG $= r$ du centre de gravité G et l'angle ω qu'il fait avec OR, par sa distance MG $= \rho$ au centre de gravité et par l'angle θ que fait MG avec GH menée parallèlement à OR par le point G.

Soient x, y, z les coordonnées du point M dont la masse est m : on a, pour les exprimer en fonction des variables que nous venons de définir, les relations

$$x = (\mathrm{OA} + \mathrm{GH})\cos\varphi + (\mathrm{MH} + \mathrm{GA})\cos i \sin\varphi,$$
$$y = (\mathrm{OA} + \mathrm{GH})\sin\varphi - (\mathrm{MH} + \mathrm{GA})\cos i \cos\varphi,$$
$$z = \mathrm{MD} = \mathrm{BM}\sin i = (\mathrm{MH} + \mathrm{GA})\sin i,$$

ou bien

$$x = (r\cos\omega + \rho\cos\theta)\cos\varphi + (r\sin\omega + \rho\sin\theta)\cos i \sin\varphi,$$
$$y = (r\cos\omega + \rho\cos\theta)\sin\varphi - (r\sin\omega + \rho\sin\theta)\cos i \cos\varphi,$$
$$z = (r\sin\omega + \rho\sin\theta)\sin i,$$

Fig. 4.

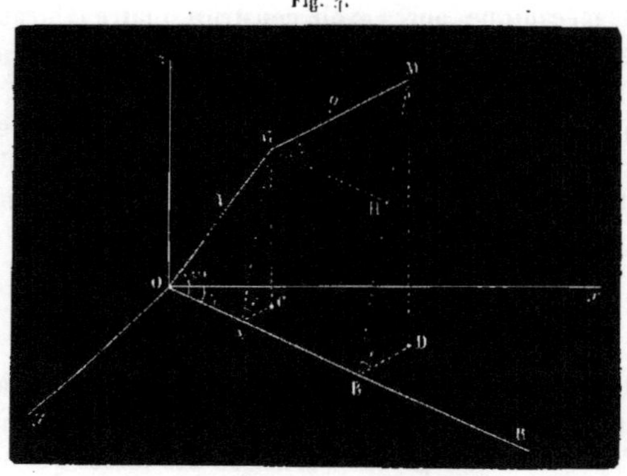

et, en prenant leurs dérivées par rapport au temps, on trouve :

$$\frac{dx}{dt} = \frac{dr}{dt}(\cos\omega\cos\varphi + \sin\omega\sin\varphi\cos i) + r\frac{d\omega}{dt}(\cos\omega\sin\varphi\cos i - \sin\omega\cos\varphi)$$
$$+ \rho\frac{d\theta}{dt}(\cos\theta\sin\varphi\cos i - \sin\theta\cos\varphi)$$
$$+ \frac{d\varphi}{dt}[r(\sin\omega\cos\varphi\cos i - \cos\omega\sin\varphi) + \rho(\sin\theta\cos\varphi\cos i - \cos\theta\sin\varphi)]$$
$$- \frac{di}{dt}(r\sin\omega + \rho\sin\theta)\sin i \sin\varphi + \frac{d\rho}{dt}(\cos\theta\cos\varphi + \sin\theta\sin\varphi\cos i),$$

8.

$$\frac{dy}{dt} = \frac{dr}{dt}\left(\cos\omega\sin\varphi - \sin\omega\cos\varphi\cos i\right) - r\frac{d\omega}{dt}\left(\cos\omega\cos\varphi\cos i + \sin\omega\sin\varphi\right)$$

$$- \rho\frac{d\theta}{dt}\left(\cos\theta\cos\varphi\cos i + \sin\theta\sin\varphi\right)$$

$$+ \frac{d\varphi}{dt}\left[r\left(\cos\omega\cos\varphi + \sin\omega\sin\varphi\cos i\right) + \rho\left(\cos\theta\cos\varphi + \sin\theta\sin\varphi\cos i\right)\right]$$

$$+ \frac{di}{dt}\left(r\sin\omega + \rho\sin\theta\right)\sin i\cos\varphi + \frac{d\rho}{dt}\left(\cos\theta\sin\varphi - \sin\theta\cos\varphi\cos i\right),$$

$$\frac{dz}{dt} = \frac{dr}{dt}\sin\omega\sin i + r\frac{d\omega}{dt}\cos\omega\sin i + \rho\frac{d\theta}{dt}\cos\theta\sin i$$

$$+ \frac{di}{dt}\cos i\left(r\sin\omega + \rho\sin\theta\right) + \frac{d\rho}{dt}\sin\theta\sin i.$$

Nous pouvons maintenant former l'expression de la demi-force vive T ; élevons pour cela les deux membres de ces égalités au carré, puis ajoutons-les membre à membre, il vient, toutes réductions faites,

$$\left(\frac{dx}{dt}\right)^2 + \left(\frac{dy}{dt}\right)^2 + \left(\frac{dz}{dt}\right)^2$$

$$= \left(\frac{dr}{dt}\right)^2 + r^2\left(\frac{d\omega}{dt}\right)^2 + \rho^2\left(\frac{d\theta}{dt}\right)^2 + \left(\frac{d\rho}{dt}\right)^2 + 2r\frac{d\omega}{dt}\left[\rho\frac{d\theta}{dt}\cos(\omega - \theta) - \frac{d\rho}{dt}\sin(\omega - \theta)\right]$$

$$+ 2\frac{dr}{dt}\left[\rho\frac{d\theta}{dt}\sin(\omega - \theta) + \frac{d\rho}{dt}\cos(\omega - \theta)\right]$$

$$+ 2r\cos i\frac{d\varphi}{dt}\left[\frac{d\rho}{dt}\sin(\omega - \theta) - \rho\frac{d\theta}{dt}\cos(\omega - \theta)\right]$$

$$+ \left(\frac{di}{dt}\right)^2\left(r\sin\omega + \rho\sin\theta\right)^2 + \left(\frac{d\varphi}{dt}\right)^2\left[r^2 + \rho^2 - \sin^2 i\left(r\sin\omega + \rho\sin\theta\right)^2 + 2r\rho\cos(\omega - \theta)\right]$$

$$- 2\frac{d\varphi}{dt}\cos i\left[\rho\frac{dr}{dt}\sin(\omega - \theta) + r\rho\frac{d\omega}{dt}\cos(\omega - \theta) + r^2\frac{d\omega}{dt} + \rho^2\frac{d\theta}{dt}\right]$$

$$+ 2\frac{d\varphi}{dt}\frac{di}{dt}\sin i\left(r\sin\omega + \rho\sin\theta\right)\left(r\cos\omega + \rho\cos\theta\right).$$

Multiplions par $\frac{m}{2}$ et faisons la somme des expressions analogues pour tous les points mobiles ; il vient, en désignant suivant l'usage par T la quantité

$$\frac{1}{2}\sum m\left[\left(\frac{dx}{dt}\right)^2 + \left(\frac{dy}{dt}\right)^2 + \left(\frac{dz}{dt}\right)^2\right],$$

posant, pour abréger l'écriture,

$$(1) \qquad\qquad \sum m = M, \quad \sum m\rho^2 = L,$$

et, en remarquant que l'on a, puisque G est le centre de gravité du système,

$$(2) \qquad \begin{cases} \sum m\rho \sin(\omega - \theta) = 0, \\ \sum m\rho \cos(\omega - \theta) = 0, \end{cases}$$

d'où l'on conclut, en prenant les dérivées par rapport au temps,

$$(3) \qquad \begin{cases} \sum m\left[\dfrac{d\rho}{dt}\sin(\omega - \theta) - \rho\,\dfrac{d\theta}{dt}\cos(\omega - \theta)\right] = 0, \\ \sum m\left[\dfrac{d\rho}{dt}\cos(\omega - \theta) + \rho\,\dfrac{d\theta}{dt}\sin(\omega - \theta)\right] = 0, \end{cases}$$

$$T = \frac{M}{2}\left(\frac{dr}{dt}\right)^2 + \frac{Mr^2}{2}\left(\frac{d\omega}{dt}\right)^2 + \frac{1}{2}\sum m\rho^2\left(\frac{d\theta}{dt}\right)^2 + \frac{1}{2}\sum m\left(\frac{d\rho}{dt}\right)^2 + R.$$

Nous désignons par R toute la partie de T qui contient les variables i et φ explicitement, ainsi que leurs dérivées par rapport au temps; et l'on a, en posant encore

$$(4) \qquad \begin{cases} Mr^2\,\dfrac{d\omega}{dt} + \sum m\rho^2\,\dfrac{d\theta}{dt} = A, \\ \sum m(r\sin\omega + \rho\sin\theta)^2 = B, \\ \sum m(r\sin\omega + \rho\sin\theta)(r\cos\omega + \rho\cos\theta) = B', \end{cases}$$

$$R = \frac{B}{2}\left(\frac{di}{dt}\right)^2 + \frac{1}{2}\left(\frac{d\varphi}{dt}\right)^2(Mr^2 + L - B\sin^2 i) + B'\sin i\left(\frac{di}{dt}\right)\left(\frac{d\varphi}{dt}\right) - A\cos i\,\frac{d\varphi}{dt}.$$

Nous avons ainsi l'expression de la demi-force vive T au moyen de toutes les variables r, ω, i, φ, θ_k, ρ_k; mais toutes ces variables ne sont pas indépendantes, puisqu'elles sont liées entre elles par les relations (2). On pourra donc encore éliminer les variables ρ et θ correspondantes à l'un quelconque des points mobiles. T ne contiendra plus alors dans son expression que des variables complétement indépendantes au nombre de $2n + 2$, si n est le nombre des points mobiles; ce sont les variables

$$r,\ \omega,\ \varphi,\ i,\ \theta_1,\ \theta_2,\ldots,\ \theta_{n-1},\ \rho_1,\ \rho_2,\ldots,\ \rho_{n-1},$$

que nous désignerons, pour nous conformer à la notation habituelle et dans l'ordre où elles sont écrites par

$$q_1, \quad q_2, \quad q_3, \quad q_4, \quad q_{i+1}, \quad q_{i+2}, \ldots, \quad q_{n+1}, \quad q_{n+1}, \ldots, \quad q_{2n+2},$$

il ne nous reste plus qu'à poser suivant l'usage

$$\frac{dq_k}{dt} = q'_k,$$

et les $2n + 2$ équations du problème s'obtiendront en donnant à l'indice k toutes les valeurs, depuis 1 jusqu'à $2n + 2$ dans l'équation type de Lagrange

$$(5) \qquad \frac{d}{dt}\left(\frac{dT}{dq'_k}\right) - \frac{dT}{dq_k} = \frac{dU}{dq_k},$$

où nous désignons par U la fonction des forces exprimée en fonction des mêmes variables, ce qui est possible, puisque nous avons supposé qu'elle ne contient que les distances des points mobiles entre eux qui sont des expressions de la forme

$$d = \sqrt{\rho_i^2 + \rho_k^2 - 2\rho_i\rho_k \cos(\theta_i - \theta_k)},$$

et leurs distances à l'origine comprises dans la formule générale

$$\delta = \sqrt{r^2 + \rho^2 + 2r\rho \cos(\omega - \theta)}.$$

Ces équations se mettront sous la forme canonique en posant

$$\frac{dT}{dq'_k} = p_k,$$

faisant l'élimination des variables q' dans T et désignant par H la quantité

$$U - T,$$

et nous aurons, pour résoudre le problème, $2n + 2$ couples d'équations de la forme

$$(6) \qquad \begin{cases} \dfrac{dp_k}{dt} = \dfrac{dH}{dq_k}, \\[2mm] \dfrac{dq_k}{dt} = -\dfrac{dH}{dp_k}, \end{cases}$$

où se manifeste immédiatement l'intégrale des forces vives

$$H = \text{const.}$$

Nous allons maintenant nous proposer de vérifier les trois intégrales des aires, et pour cela il suffit évidemment de vérifier l'une d'elles, car rien ne distingue les trois axes de coordonnées les uns des autres par rapport à nos points mobiles.

Formons donc leurs premiers membres; on trouve, en posant

$$A_{xy} = x\,\frac{dy}{dt} - y\,\frac{dx}{dt},$$

$$A_{yz} = y\,\frac{dz}{dt} - z\,\frac{dy}{dt},$$

$$A_{zx} = x\,\frac{dz}{dt} - z\,\frac{dx}{dt},$$

et se reportant aux relations (1), (2), (3) et (4),

$$(7)\quad\left\{\begin{aligned}
\sum m A_{xy} &= \frac{d\varphi}{dt}\,(M\,r^2 + L - B\sin^2 i) + b'\sin i\,\frac{di}{dt} - A\cos i,\\[4pt]
-\sum m A_{yz} &= \sin i\,\frac{d\varphi}{dt}\,(B'\cos\varphi + B\cos i\sin\varphi)\\[2pt]
&\quad + \frac{di}{dt}\,(B\cos\varphi - B'\cos i\sin\varphi) - A\sin i\sin\varphi,\\[4pt]
-\sum m A_{zx} &= \sin i\,\frac{d\varphi}{dt}\,(B'\sin\varphi - B\cos i\cos\varphi)\\[2pt]
&\quad + \frac{di}{dt}\,(B\sin\varphi + B'\cos i\cos\varphi) + A\sin i\cos\varphi,
\end{aligned}\right.$$

nous ne transcrivons pas le détail des calculs qui nous ont fourni ces résultats et qui n'offrent d'autre difficulté que leur longueur en écriture.

Or, on reconnaît immédiatement que $\sum m A_{xy}$ n'est autre chose que $\dfrac{dT}{d\varphi'}$ ou p_3, et comme on a, en vertu des équations (6),

$$\frac{dp_3}{dt} = \frac{dH}{d\varphi} = 0,$$

car ni U, ni T, et, par suite, H ne contiennent pas la variable φ explicitement, donc

$$\frac{d \sum m\,A_{xy}}{dt} = 0,$$

d'où

$$\sum m\,A_{xy} = C_1,$$

en désignant par C_1 une constante arbitraire.

Il en résulte que les deux autres sommes, $\sum m\,A_{yz}$ et $\sum m\,A_{xz}$, sont également constantes pendant toute la durée du mouvement, ou que l'on a

$$\sum m\,A_{yz} = C_2,$$

$$\sum m\,A_{xz} = C_3.$$

Nous allons maintenant nous servir de ces trois intégrales, dont les constantes seront déterminées, une fois le problème résolu, par les conditions initiales du mouvement, pour éliminer les deux variables indépendantes i et φ.

§ II.

Réduction du nombre des variables indépendantes. — Tout ce que nous venons de dire se rapporte à des axes quelconques de coordonnées, c'est-à-dire que jusqu'à présent nos variables i, φ et ω sont définies au moyen d'un plan quelconque fixe passant par l'origine et pris pour plan des xy. Supposons maintenant que ce plan fixe soit le *plan du maximum des aires* ou *plan invariable de Laplace;* c'est-à-dire faisons un changement d'axes de coordonnées, en prenant pour nouvel axe des z une ligne qui fasse avec les trois premiers des angles dont les cosinus sont égaux à

$$\frac{C_1}{C}, \quad \frac{C_2}{C}, \quad \frac{C_3}{C},$$

quand on pose

$$C = \sqrt{C_1^2 + C_2^2 + C_3^2}.$$

Il est évident que nous devons trouver identiquement les mêmes

expressions pour la fonction des forces U et la demi-force vive T,
c'est-à-dire les mêmes équations pour le mouvement. Seulement, dans
ces équations, les variables ω, φ et i auront une signification plus
restreinte; ω y représentera l'angle du rayon vecteur OG du centre de
gravité avec la trace du plan mobile sur le plan invariable, φ l'angle
de cette trace avec une droite arbitraire fixe menée par l'origine dans
le plan invariable, et i l'inclinaison du plan mobile sur ce plan.

Il résulte, d'ailleurs, de la propriété du plan invariable que les
trois intégrales des aires prennent alors la forme

$$(8) \qquad \sum m\mathrm{A}_{xy} = \mathrm{C}, \qquad \sum m\mathrm{A}_{yz} = 0, \qquad \sum m\mathrm{A}_{zx} = 0.$$

On sait, en effet, que lorsqu'on a la somme des produits par les
masses correspondantes des aires décrites sur le plan invariable par
les projections des rayons vecteurs des différents points mobiles, on
obtient la somme analogue sur un plan quelconque en multipliant la
première par le cosinus de l'angle des deux plans.

Nous avons donc, entre les différentes variables qui figurent dans
les équations du mouvement, les trois relations

$$(9) \qquad \frac{d\varphi}{dt}(\mathrm{M}r^2 + \mathrm{L} - \mathrm{B}\sin^2 i) + \mathrm{B}'\sin i\,\frac{di}{dt} - \mathrm{A}\cos i = \mathrm{C},$$

$$(10) \qquad \begin{cases} \sin i\,\dfrac{d\varphi}{dt}(\mathrm{B}'\cos\varphi + \mathrm{B}\cos i\sin\varphi) \\[2mm] \quad + \dfrac{di}{dt}(\mathrm{B}\cos\varphi - \mathrm{B}'\cos i\sin\varphi) - \mathrm{A}\sin i\sin\varphi = 0, \end{cases}$$

$$(11) \qquad \begin{cases} \sin i\,\dfrac{d\varphi}{dt}(\mathrm{B}'\sin\varphi - \mathrm{B}\cos i\cos\varphi) \\[2mm] \quad + \dfrac{di}{dt}(\mathrm{B}\sin\varphi + \mathrm{B}'\cos i\cos\varphi) + \mathrm{A}\sin i\cos\varphi = 0. \end{cases}$$

Les deux dernières peuvent être remplacées par deux autres qui ne
contiennent plus la variable φ explicitement. On les obtient en ajoutant les équations (10) et (11), après avoir multiplié la première par
$\cos\varphi$, et la seconde par $\sin\varphi$, ou bien en retranchant les deux mêmes
équations, après avoir multiplié la première par $\sin\varphi$ et la seconde

9

par $\cos\varphi$; on trouve ainsi

$$(12) \qquad B' \sin i \frac{d\varphi}{dt} + B \frac{di}{dt} = 0,$$

$$(13) \qquad B \sin i \cos i \frac{d\varphi}{dt} - B' \cos i \frac{di}{dt} - A \sin i = 0.$$

Si l'on se reporte maintenant à la valeur de T, on voit qu'elle ne contient pas la variable φ, et que par conséquent on pourra y éliminer i, $\frac{d\varphi}{dt}$ et $\frac{di}{dt}$ au moyen des équations (9), (12) et (13).

Développons les calculs; les deux dernières équations donnent de suite

$$\frac{d\varphi}{dt} = \frac{AB}{(B^2 + B'^2)\cos i},$$

$$\frac{di}{dt} = -\frac{AB' \sin i}{(B^2 + B'^2)\cos i},$$

et, en portant ces valeurs de $\frac{d\varphi}{dt}$ et $\frac{di}{dt}$ dans la partie R de T, qui seule contient ces variables, on trouve

$$R = \frac{A^2 BB'^2 \sin^2 i}{2\cos^2 i(B^2 + B'^2)^2} + \frac{A^2 B^2 (Mr^2 + L - B\sin^2 i)}{2\cos^2 i(B^2 + B'^2)^2} - \frac{A^2 BB'^2 \sin^2 i}{\cos^2 i(B^2 + B'^2)^2} - \frac{A^2 B}{B^2 + B'^2};$$

simplifiant et mettant $\dfrac{A^2 B}{2\cos^2 i(B^2 + B'^2)^2}$ en facteur, il vient

$$R = \frac{A^2 B}{2\cos^2 i(B^2 + B'^2)^2}[B(Mr^2 + L) - (B^2 + B'^2)\sin^2 i - 2(B^2 + B'^2)\cos^2 i],$$

expression qui peut, en dernier lieu, s'écrire

$$R = \frac{A^2 B[B(Mr^2 + L) - (B^2 + B'^2)]}{2\cos^2 i(B^2 + B'^2)^2} - \frac{A^2 B}{2(B^2 + B'^2)}.$$

La même substitution faite dans l'équation (9) nous donne

$$C = \frac{AB(Mr^2 + L - B\sin^2 i)}{\cos i(B^2 + B'^2)} - \frac{AB'^2 \sin^2 i}{\cos i(B^2 + B'^2)} - A\cos i,$$

ou bien

$$C = \frac{A}{\cos i(B^2 + B'^2)}[B(Mr^2 + L) - B^2 \sin^2 i - B'^2 \sin^2 i - \cos^2 i(B^2 + B'^2)],$$

d'où

$$C = \frac{A\,[\,B\,(M\,r^2 + L) - (B^2 + B'^2)\,]}{\cos i\,(B^2 + B'^2)},$$

et la valeur de R peut alors s'écrire

$$R = \frac{B}{2}\left[\frac{C^2}{B\,(M\,r^2 + L) - (B^2 + B'^2)} - \frac{A^2}{B^2 + B'^2}\right];$$

on en conclut d'ailleurs également

$$(14) \qquad \frac{d\varphi}{dt} = \frac{BC}{B\,(M\,r^2 + L) - (B^2 + B'^2)}.$$

Nous avons ainsi une demi-force vive

$$(15) \quad \left\{ \begin{aligned} T &= \frac{M}{2}\left(\frac{dr}{dt}\right)^2 + \frac{M\,r^2}{2}\left(\frac{d\omega}{dt}\right)^2 + \frac{1}{2}\sum m\rho^2\left(\frac{d\theta}{dt}\right)^2 + \frac{1}{2}\sum m\left(\frac{d\rho}{dt}\right)^2 \\ &\quad + \frac{B}{2}\left[\frac{C^2}{B\,(M\,r^2 + L) - (B^2 + B'^2)} - \frac{A^2}{B^2 + B'^2}\right], \end{aligned} \right.$$

qui ne contient plus dans son expression les variables i et φ, ainsi que leurs dérivées par rapport au temps; mais il faut encore, comme nous l'avons déjà dit, y remplacer les variables ρ et θ correspondantes à l'un des points mobiles par leurs valeurs en fonction des autres, tirées des relations (2) et (3). Nous supposerons cette élimination faite.

Nous avons, par le fait, éliminé deux de nos variables indépendantes. Si cette élimination avait été faite au moyen de deux équations de la forme

$$f(r, \omega, \varphi, i, \theta_k, \rho_k, t) = 0$$

existant pendant toute la durée du mouvement entre les variables indépendantes de notre problème, le temps et des constantes arbitraires, c'est-à-dire au moyen de deux intégrales complètes qui pourraient être regardées comme représentant des liaisons auxquelles sont assujettis tous les points pendant le mouvement, liaisons qu'on n'empêcherait évidemment pas d'exister en les rendant nécessaires, on pourrait écrire immédiatement les nouvelles équations du problème sous la forme donnée par Lagrange. Mais il n'en est pas ainsi, car nous nous sommes servis, pour atteindre ce résultat, des trois intégrales des aires dont les premiers membres contiennent les dérivées par rapport au temps de nos variables.

Nous sommes donc obligés, pour voir ce que deviennent les équations du problème, d'exprimer les dérivées partielles de T, regardée comme fonction de toutes les variables, au moyen des dérivées partielles de la même fonction mise sous la forme (15), ne contenant plus que des variables indépendantes, et que nous désignerons, pour plus de clarté, par T'. Nous avons déjà remarqué que le premier membre de l'équation (9) n'est autre chose que $\frac{dT}{d\varphi'}$; il est facile de voir également que le premier membre de l'équation (12) est égal à $\frac{dT}{di'}$ et que le premier membre de l'équation (15) représente $-\frac{dT}{di}:\frac{d\varphi}{dt}$; nous pouvons donc les écrire de la manière suivante :

$$(16)\quad\begin{cases}\dfrac{dT}{d\varphi'}=C,\\[2mm]\dfrac{dT}{di'}=0,\\[2mm]\dfrac{dT}{di}=0.\end{cases}$$

Cela posé, nous aurons

$$\frac{dT'}{dq'_k}=\frac{dT}{dq'_k}+\frac{dT}{d\varphi'}\frac{d\varphi'}{dq'_k}+\frac{dT}{di'}\frac{di'}{dq'_k}+\frac{dT}{di}\frac{di}{dq'_k},$$

$$\frac{dT'}{dq_k}=\frac{dT}{dq_k}+\frac{dT}{d\varphi'}\frac{d\varphi'}{dq_k}+\frac{dT}{di'}\frac{di'}{dq_k}+\frac{dT}{di}\frac{di}{dq_k},$$

ou bien, en vertu des équations (16),

$$\frac{dT'}{dq'_k}=\frac{dT}{dq'_k}+C\frac{d\varphi'}{dq'_k},$$

$$\frac{dT'}{dq_k}=\frac{dT}{dq_k}+C\frac{d\varphi'}{dq_k};$$

d'où l'on tire

$$\frac{dT}{dq'_k}=\frac{dT'}{dq'_k}-C\frac{d\varphi'}{dq'_k},$$

$$\frac{dT}{dq_k}=\frac{dT'}{dq_k}-C\frac{d\varphi}{dq_k},$$

ou bien encore, en posant $C\varphi' = \dfrac{BC^2}{B(Mr^2+L)-(B^2+B'^2)} = \Phi$,

$$\frac{dT}{dq'_k} = \frac{d(T'-\Phi)}{dq'_k},$$

$$\frac{dT}{dq_k} = \frac{d(T'-\Phi)}{dq_k}.$$

Les équations de notre problème deviennent donc, en négligeant les deux auxquelles nous avons satisfait, ce que fournit l'équation type

$$(17) \qquad \frac{d}{dt}\left[\frac{d(T'-\Phi)}{dq'_k}\right] - \frac{d(T'-\Phi)}{dq_k} = \frac{dU}{dq_k},$$

quand on y donne à l'indice k toutes les valeurs depuis 1 jusqu'à $2n$. Nous n'avons donc plus que $2n$ équations, et les variables indépendantes qui nous restent sont

$$r,\ \omega,\ \theta_1,\ \theta_2,\ \ldots,\ \theta_{n-1},\ \rho_1,\ \rho_2,\ \ldots,\ \rho_{n-1},$$

désignées dans cet ordre par

$$q_1,\ q_2,\ q_3,\ q_4,\ \ldots,\ q_{n+1},\ q_{n+2},\ q_{n+3},\ \ldots,\ q_{2n}.$$

Remarque. — Puisqu'on obtient les équations du problème en appliquant à la fonction $T'-\Phi$ l'équation type de Lagrange, cette fonction ne doit différer que d'une constante ou d'une fonction du temps de la demi-force vive telle qu'on l'aurait obtenue en éliminant les variables i et φ, au moyen de deux intégrales de la forme

$$f(r,\ \omega,\ i,\ \varphi,\ \theta_k,\ \rho_k,\ t) = 0.$$

Il ne nous reste plus qu'à appliquer à ces équations la transformation hamiltonienne, et nous négligerons désormais l'accent dont nous nous sommes servis pour désigner T sous sa nouvelle forme.

Nous remarquerons pour cela que notre fonction T se décompose en deux parties, l'une $\dfrac{\Phi}{2}$ qui ne contient pas les variables q', et l'autre que nous désignerons par T_1, qui est homogène et du second degré par rapport à ces variables; nous avons donc

$$T = T_\iota + \frac{1}{2}\Phi,$$

et par conséquent

$$T - \Phi = T_\iota - \frac{1}{2}\Phi.$$

L'équation (17) peut donc s'écrire

$$\frac{d}{dt}\left[\frac{d\left(T_\iota - \frac{1}{2}\Phi\right)}{dq'_k}\right] - \frac{d\left(T_\iota - \frac{1}{2}\Phi\right)}{dq_k} = \frac{d\,U}{dq_k},$$

ou bien, en remarquant que $\dfrac{d\Phi}{dq'_k} = 0$, et qu'on peut retrancher $\dfrac{1}{2}\dfrac{d\Phi}{dq_k}$ des deux membres de cette équation,

$$(18) \qquad \frac{d}{dt}\left(\frac{dT_\iota}{dq'_k}\right) - \frac{dT_\iota}{dq_k} = \frac{d\left(U - \frac{1}{2}\Phi\right)}{dq_k}.$$

Si maintenant nous posons

$$\frac{dT_\iota}{dq'_k} = \frac{dT}{dq'_k} = p_k,$$

et qu'au moyen des $2n$ relations dont celle-là est le type, on élimine les variables q' dans T_ι, l'équation (18) revient, en vertu de la transformation d'Hamilton, aux deux suivantes

$$(19) \qquad \frac{dp_k}{dt} = \frac{dH}{dq_k}; \quad \frac{dq_k}{dt} = -\frac{dH}{dp_k},$$

où H représente la fonction $U - \frac{1}{2}\Phi - T_\iota$, c'est-à-dire où l'on a

$$H = U - T,$$

H étant la quantité qui reste constante pendant toute la durée du mouvement, en vertu du principe des forces vives.

Les intégrales du problème indépendantes du temps seront donc encore définies, conformément au type habituel, par l'équation différentielle partielle

$$(20) \qquad \sum_{k=1}^{k=2n} \left(\frac{d\mathrm{H}}{dp_k} \frac{dz}{dq_k} - \frac{d\mathrm{H}}{dq_k} \frac{dz}{dp_k} \right) = 0.$$

Calcul de H. — Nous devons d'abord remplacer, dans la fonction T mise sous la forme (15), les variables θ, ρ, $\frac{d\theta}{dt}$, $\frac{d\rho}{dt}$ par leurs valeurs en fonction des autres, tirées des relations (2) et (3). Posons, pour abréger l'écriture,

$$\sum_{k=2}^{k=n-1} m_k \left[\frac{d\rho_k}{dt} \sin(\omega - \theta_k) - \rho_k \frac{d\theta_k}{dt} \cos(\omega - \omega_k) \right] = \mathrm{S},$$

$$\sum_{k=1}^{k=n-1} m_k \left[\frac{d\rho_k}{dt} \cos(\omega - \theta_k) + \rho_k \frac{d\theta_k}{dt} \sin(\omega - \omega_k) \right] = \mathrm{S}',$$

et nous avons pour déterminer $\frac{d\rho}{dt}$ et $\frac{d\theta}{dt}$, ou mieux $\frac{d\rho}{dt}$ et $\rho \frac{d\theta}{dt}$, les deux équations

$$(21) \qquad \begin{cases} m \left[\dfrac{d\rho}{dt} \sin(\omega - \theta) - \rho \dfrac{d\theta}{dt} \cos(\omega - \theta) \right] = -\mathrm{S}, \\[2ex] m \left[\dfrac{d\rho}{dt} \cos(\omega - \theta) + \rho \dfrac{d\theta}{dt} \sin(\omega - \theta) \right] = -\mathrm{S}' : \end{cases}$$

on trouve en les ajoutant membre à membre, après les avoir élevées au carré,

$$(21\ bis) \qquad \begin{cases} m^2 \left[\left(\dfrac{d\rho}{dt} \right)^2 + \rho^2 \left(\dfrac{d\theta}{dt} \right)^2 \right] = \mathrm{S}^2 + \mathrm{S}'^2, \\[1ex] \text{d'où} \\[1ex] m \left(\dfrac{d\rho}{dt} \right)^2 + m\rho^2 \left(\dfrac{d\theta}{dt} \right)^2 = \dfrac{\mathrm{S}^2 + \mathrm{S}'^2}{m}. \end{cases}$$

Nous avons encore besoin de connaître $m\rho^2 \frac{d\theta}{dt}$ qui figure dans A; pour le trouver, il suffit d'ajouter les équations (21), après avoir multiplié la première par $-\rho \cos(\omega - \theta)$ et la seconde par $\rho \sin(\omega - \theta)$; il vient

$$m\rho^2 \frac{d\theta}{dt} = \rho \left[\mathrm{S} \cos(\omega - \theta) - \mathrm{S}' \sin(\omega - \theta) \right].$$

Nous aurons alors pour la demi-force vive T, en disant une fois pour toutes que le signe $\sum$ ne s'étend plus qu'à $n-1$ points, l'expression

$$
(22)\quad
\begin{cases}
T = \dfrac{M}{2}\left(\dfrac{dr}{dt}\right)^2 + \dfrac{M r^2}{2}\left(\dfrac{d\omega}{dt}\right)^2 + \dfrac{1}{2}\sum m_k \rho_k^2 \left(\dfrac{d\theta_k}{dt}\right)^2 + \dfrac{1}{2}\sum m_k \left(\dfrac{d\rho_k}{dt}\right)^2 \\[2ex]
\quad + \dfrac{S^2 + S'^2}{2m} + \dfrac{B}{2}\left[\dfrac{C^2}{B(M r^2 + L) - (B^2 + B'')} - \dfrac{A^2}{B' + B'^2}\right],
\end{cases}
$$

dans laquelle on a

$$
(22\ bis)\quad A = M r^2 \frac{d\omega}{dt} + \sum m_k \rho_k^2 \frac{d\theta_k}{dt} + \rho[S\cos(\omega - \theta) - S'\sin(\omega - \theta)].
$$

Il nous resterait encore, pour compléter l'élimination, à remplacer ρ et θ par leurs valeurs en fonction des autres variables; mais nous ne ferons pas ce calcul, qui n'offre aucune difficulté, pour faciliter l'interprétation des résultats.

Introduisons maintenant les variables p, nous avons

$$
(23)\qquad p_1 = M\frac{dr}{dt}, \quad \text{d'où} \quad \frac{dr}{dt} = \frac{p_1}{M};
$$

$$
(24)\qquad p_2 = M r^2 \frac{d\omega}{dt} - \frac{BM r^2 A}{B^2 + B^2};
$$

$$
(25)\quad
\begin{cases}
p_{2+k} = m_k \rho_k^2 \dfrac{d\theta_k}{dt} + \dfrac{S'}{m} m_k \rho_k \sin(\omega - \theta_k) - \dfrac{S}{m} m_k \rho_k \cos(\omega - \theta_k) \\[2ex]
\quad - \dfrac{BA}{B^2 + B'^2}\left[m_k \rho_k^2 - m_k \rho \rho_k \cos(\omega - \theta_k)\cos(\omega - \theta) - m_k \rho \rho_k \sin(\omega - \theta)\sin(\omega - \theta_k)\right],
\end{cases}
$$

$$
(26)\quad
\begin{cases}
p_{n+1+k} = m_k \dfrac{d\rho_k}{dt} + \dfrac{S}{m} m_k \sin(\omega - \theta_k) + \dfrac{S'}{m} m_k \cos(\omega - \theta_k) \\[2ex]
\quad - \dfrac{BA}{B^2 + B'^2}\left[m_k \rho \cos(\omega - \theta)\sin(\omega - \theta_k) - m_k \rho \sin(\omega - \theta)\cos(\omega - \theta_k)\right].
\end{cases}
$$

Ajoutons membre à membre les égalités (24) et toutes celles du groupe (25), il vient

$$
p_2 + \sum p_{2+k} = A\left[1 - \frac{B(M r^2 + L)}{B^2 + B'^2}\right],
$$

d'où

$$A = -\frac{(B^2 + B'^2)\left(p_2 + \sum p_{2+k}\right)}{B(M r^2 + L) - (B^2 + B'^2)}.$$

On a d'ailleurs, au moyen de l'égalité (24), l'expression de $\frac{d\omega}{dt}$, qui est

$$\frac{d\omega}{dt} = \frac{1}{M r^2}\left(p_2 + \frac{BAM r^2}{B^2 + B'^2}\right),$$

c'est-à-dire sa valeur en fonction des nouvelles variables.

Pour calculer $\frac{1}{2}\sum m_k \rho_k^2 \left(\frac{d\theta_k}{dt}\right)^2$ et $\frac{1}{2}\sum m_k \left(\frac{d\rho_k}{dt}\right)^2$, il nous suffit d'ajouter membre à membre les deux égalités (25) et (26) dont on a élevé les deux membres au carré, après avoir divisé ceux de la première par $m_k \rho_k$ et ceux de la seconde par m_k; on trouve ainsi

$$\left(\frac{p_{2+k}}{m_k \rho_k}\right)^2 + \left(\frac{p_{n+1+k}}{m_k}\right)^2$$

$$= \rho_k^2 \left(\frac{d\theta_k}{dt}\right)^2 + \left(\frac{d\rho_k}{dt}\right)^2 + \frac{S^2 + S'^2}{m^2}$$

$$+ \frac{B^2 A^2}{(B^2 + B'^2)^2}\left[\rho_k^2 + \rho^2 - 2\rho\rho_k \cos(\omega - \theta)\cos(\omega - \theta_k) - 2\rho\rho_k \sin(\omega - \theta)\sin(\omega - \theta_k)\right]$$

$$+ \frac{2S}{m}\left[\frac{d\rho_k}{dt}\sin(\omega - \theta_k) - \rho_k \frac{d\theta_k}{dt}\cos(\omega - \theta_k)\right]$$

$$+ \frac{2S'}{m}\left[\frac{d\rho_k}{dt}\cos(\omega - \theta_k) + \rho_k \frac{d\theta_k}{dt}\sin(\omega - \theta_k)\right]$$

$$- \frac{2BA}{B^2 + B'^2}\left\{\rho_k^2 \frac{d\theta}{dt} + \rho\cos(\omega - \theta)\left[\frac{d\rho_k}{dt}\sin(\omega - \theta_k) - \rho_k \frac{d\theta_k}{dt}\cos(\omega - \theta_k)\right]\right.$$

$$- \rho\sin(\omega - \theta)\left[\frac{d\rho_k}{dt}\cos(\omega - \theta_k) + \rho_k \frac{d\theta_k}{dt}\sin(\omega - \theta_k)\right]$$

$$+ \frac{S}{m}\left[\rho\cos(\omega - \theta) - \rho_k\cos(\omega - \theta_k)\right]$$

$$\left. + \frac{S'}{m}\left[\rho_k\sin(\omega - \theta_k) - \rho\sin(\omega - \theta)\right]\right\};$$

puis en multipliant les deux membres de cette égalité par $\frac{m_k}{2}$, et faisant la somme des expressions analogues pour les $n - 1$ points dont nous conservons les variables,

$$\frac{1}{2}\sum \frac{p_{2+k}^2}{m_k \rho_k^2} + \frac{1}{2}\sum \frac{p_{n+1+k}^2}{m_k}$$

$$= \frac{1}{2}\sum m_k \rho_k^2 \left(\frac{d\theta_k}{dt}\right)^2 + \frac{1}{2}\sum m_k \left(\frac{d\rho_k}{dt}\right)^2 + \frac{(S^2+S'^2)(M-m)}{2\,m^2} + \frac{B^2 A^2}{2(B^2+B'^2)^2}(L+M\rho^2)$$

$$+ \frac{S^2+S'^2}{m} - \frac{BA}{B^2+B'^2}\left\{\sum m_k \rho_k^2 \frac{d\theta_k}{dt} + \frac{M+m}{m}\rho\,[\,S\cos(\omega-\theta)-S'\sin(\omega-\theta)]\right\}.$$

De là on pourra tirer

$$\frac{1}{2}\sum m_k \rho_k^2 \left(\frac{d\theta_k}{dt}\right)^2 + \frac{1}{2}\sum m_k \left(\frac{d\rho_k}{dt}\right)^2$$

quand on connaitra

$$\frac{S^2+S'^2}{m^2}, \quad S\cos(\omega-\theta)-S'\sin(\omega-\theta) \quad \text{et} \quad \sum m_k \rho_k^2 \frac{d\theta_k}{dt}.$$

Or, nous trouvons en ajoutant les égalités (25) et (26), après avoir multiplié les deux termes de la première par $\frac{1}{\rho_k}\sin(\omega-\theta_k)$ et les deux termes de la seconde par $\cos(\omega-\theta_k)$, ou bien en retranchant les mêmes égalités, après avoir multiplié les deux membres de la première par $\frac{1}{\rho_k}\cos(\omega-\theta_k)$ et les deux membres de la seconde par $\sin(\omega-\theta_k)$, les deux égalités

$$\frac{p_{2+k}}{\rho_k}\sin(\omega-\theta_k) + p_{n+1+k}\cos(\omega-\theta_k)$$

$$= m_k\left[\frac{d\rho_k}{dt}\cos(\omega-\theta_k) + \rho_k \frac{d\theta_k}{dt}\sin(\omega-\theta_k)\right]$$

$$+ \frac{S\,m_k}{m} - \frac{BA\,m_k}{B^2+B'^2}[\rho_k\sin(\omega-\theta_k) - \rho\sin(\omega-\theta)],$$

$$p_{n+1+k}\sin(\omega-\theta_k) - \frac{p_{2+k}}{\rho_k}\cos(\omega-\theta_k)$$

$$= m_k\left[\frac{d\rho_k}{dt}\sin(\omega-\theta_k) - \rho_k \frac{d\theta_k}{dt}\cos(\omega-\theta_k)\right]$$

$$+ \frac{S\,m_k}{m} + \frac{BA\,m_k}{B^2+B'^2}[\rho_k\cos(\omega-\theta_k) + \rho\cos(\omega-\theta)],$$

et en faisant la somme des expressions analogues pour $n - 1$ points, puis posant, pour abréger l'écriture,

$$\sum \frac{p_{2+k}}{\rho_k} \sin(\omega - \theta_k) + \sum p_{n+1+k} \cos(\omega - \theta_k) = M \sigma',$$

$$\sum p_{n+1+k} \sin(\omega - \theta_k) - \sum \frac{p_{2+k}}{\rho_k} \cos(\omega - \theta_k) = M \sigma,$$

on trouve les relations

$$\frac{S}{m} = \sigma + \frac{BA}{B^2 + B'^2} \rho \cos(\omega - \theta),$$

$$\frac{S'}{m} = \sigma' - \frac{BA}{B^2 + B'^2} \rho \sin(\omega - \theta),$$

qui donnent immédiatement

$$\frac{\rho}{m} \left[S \cos(\omega - \theta) - S' \sin(\omega - \theta) \right] = \rho \left[\sigma \cos(\omega - \theta) - \sigma' \sin(\omega - \theta) \right] + \frac{BA\rho^2}{B^2 + B'^2}$$

et

$$\frac{S^2 + S'^2}{m^2} = \sigma^2 + \sigma'^2 + \frac{B^2 A^2 \rho^2}{(B^2 + B'^2)^2} + \frac{2 BA \rho}{B^2 + B'^2} \left[\sigma \cos(\omega - \theta) - \sigma' \sin(\omega - \theta) \right],$$

et l'on en conclut, au moyen des relations (22 *bis*) et (24),

$$\sum m_k \rho_k^2 \left(\frac{d\theta_k}{dt} \right) = A - p_2 - \frac{BM r^2 A}{B^2 + B'^2} - m\rho[\sigma \cos(\omega - \theta) - \sigma' \sin(\omega - \theta)] - \frac{BA m \rho^2}{B^2 + B'^2}.$$

Introduisons maintenant ces résultats dans T, et nous trouvons, toutes réductions faites,

$$T = \frac{p_1^2}{2 M} + \frac{p_2^2}{2 M r^2} + \frac{1}{2} \sum \frac{P_{2+k}^2}{m_k \rho_k^2} + \sum \frac{P_{n+1+k}^2}{m_k} - \frac{M(\sigma^2 + \sigma'^2)}{2} + P$$

avec

$$P = - \frac{BA^2 [B(M r^2 + L) - (B^2 + B'^2)]}{2(B^2 + B'^2)^2} + \frac{BC^2}{2[B(M r^2 + L) - (B^2 + B'^2)]}.$$

Si l'on remplace enfin A par la valeur trouvée précédemment, il vient

$$(27) \qquad P = \frac{B \left[C^2 - \left(p_2 + \sum p_{2+k} \right)^2 \right]}{2 [B(M r^2 + L) - (B^2 + B'^2)]}.$$

10.

L'expression cherchée de H est donc

$$(28) \quad H = U - \frac{p_1^2}{2M} - \frac{p_2^2}{2Mr^2} - \frac{1}{2}\sum \frac{p_{2+k}^2}{m_k\rho_k^2} - \frac{1}{2}\sum \frac{p_{n+1+k}^2}{m_k} + \frac{M}{2}(\sigma^2 + \sigma'^2) - P.$$

Mouvement plan. — Supposons maintenant que le plan qui contient nos points mobiles soit fixe, et proposons-nous de chercher les équations de leur mouvement dans ce plan.

En conservant les mêmes notations que précédemment, et en se plaçant dans les mêmes hypothèses, nous avons la même fonction des forces U, et nous calculerons la demi-force vive au moyen des formules de transformation suivantes :

$$x = r\cos\omega + \rho\cos\theta,$$
$$y = r\sin\omega + \rho\sin\theta,$$

qui donnent, quand on prend les dérivées des deux membres par rapport au temps,

$$\frac{dx}{dt} = \frac{dr}{dt}\cos\omega - r\frac{d\omega}{dt}\sin\omega + \frac{d\rho}{dt}\cos\theta - \rho\frac{d\theta}{dt}\sin\theta,$$

$$\frac{dy}{dt} = \frac{dr}{dt}\sin\omega + r\frac{d\omega}{dt}\cos\omega + \frac{d\rho}{dt}\sin\theta + \rho\frac{d\theta}{dt}\cos\theta.$$

Élevons au carré et ajoutons membre à membre, il vient

$$\left(\frac{dx}{dt}\right)^2 + \left(\frac{dy}{dt}\right)^2 = \left(\frac{dr}{dt}\right)^2 + r^2\left(\frac{d\omega}{dt}\right)^2 + \left(\frac{d\rho}{dt}\right)^2 + \rho^2\left(\frac{d\theta}{dt}\right)^2$$
$$+ 2\frac{dr}{dt}\left[\frac{d\rho}{dt}\cos(\omega - \theta) + \rho\frac{d\theta}{dt}\sin(\omega - \theta)\right]$$
$$- 2r\frac{d\omega}{dt}\left[\frac{d\rho}{dt}\sin(\omega - \theta) - \rho\frac{d\theta}{dt}\cos(\omega - \theta)\right].$$

Multiplions par $\frac{m}{2}$ et faisons la somme de toutes les expressions analogues pour les différents points mobiles, nous trouvons, en tenant compte des relations (2) et (3),

$$T = \frac{M}{2}\left(\frac{dr}{dt}\right)^2 + \frac{Mr^2}{2}\left(\frac{d\omega}{dt}\right)^2 + \frac{1}{2}\sum m_k\rho_k^2\left(\frac{d\theta_k}{dt}\right)^2 + \frac{1}{2}\sum m_k\left(\frac{d\rho_k}{dt}\right)^2,$$

ou bien, en vertu de la relation (21 *bis*) et n'étendant plus le signe $\sum$ qu'à $n - 1$ points,

$$T = \frac{M}{2}\left(\frac{dr}{dt}\right)^2 + \frac{M r^2}{2}\left(\frac{d\omega}{dt}\right)^2 + \frac{1}{2}\sum m_k \rho_k^2 \left(\frac{d\theta_k}{dt}\right)^2 + \frac{1}{2}\sum m_k \left(\frac{d\rho_k}{dt}\right)^2 + \frac{S^2 + S'^2}{2m}.$$

On transforme cette expression en posant

$$p_1 = M\frac{dr}{dt}, \qquad \text{d'où} \quad \frac{dr}{dt} = \frac{p_1}{M},$$

$$p_2 = M r^2 \frac{d\omega}{dt}, \qquad \text{d'où} \quad \frac{d\omega}{dt} = \frac{p_2}{M r^2},$$

$$p_{2+k} = m_k \rho_k^2 \frac{d\theta_k}{dt} - \frac{S}{m} m_k \rho_k \cos(\omega - \theta_k) + \frac{S'}{m} m_k \rho_k \sin(\omega - \theta_k),$$

$$p_{n+1+k} = m_k \frac{d\theta_k}{dt} + \frac{S}{m} m_k \sin(\omega - \theta_k) + \frac{S'}{m} m_k \cos(\omega - \theta_k),$$

d'où nous déduisons, comme précédemment,

$$\frac{1}{2}\sum \frac{p_{2+k}^2}{m_k \rho_k^2} + \frac{1}{2}\sum \frac{p_{n+1+k}^2}{m_k}$$

$$= \frac{1}{2}\sum m_k \rho_k^2 \left(\frac{d\theta_k}{dt}\right)^2 + \frac{1}{2}\sum m_k \left(\frac{d\rho_k}{dt}\right)^2 + \frac{(S^2 + S'^2)(M + m)}{2 m^2}$$

et

$$\frac{S^2 + S'^2}{m^2} = \sigma^2 + \sigma'^2.$$

Il vient alors, après substitution dans T,

$$T = \frac{p_1^2}{2M} + \frac{p_2^2}{2 M r^2} + \frac{1}{2}\sum \frac{p_{2+k}^2}{m_k \rho_k^2} + \frac{1}{2}\sum \frac{p_{n+1+k}^2}{m_k} - \frac{M}{2}(\sigma^2 + \sigma'^2),$$

et l'on a, par conséquent, dans ce cas,

$$H = U - \frac{p_1^2}{2M} - \frac{p_2^2}{2 M r^2} - \frac{1}{2}\sum \frac{p_{2+k}^2}{m_k \rho_k^2} - \frac{1}{2}\sum \frac{p_{n+1+k}^2}{m_k} + \frac{M}{2}(\sigma^2 + \sigma'^2).$$

Cette fonction ne différant de celle que nous avons obtenue dans le cas général que par la fonction P, on arrive à cette conclusion :

Pour intégrer le problème qui nous occupe dans le cas le plus général, il suffit de résoudre le cas où le mouvement a lieu dans un plan, et d'avoir ensuite égard à la fonction perturbatrice P.

Interprétation de la fonction P. — Cette fonction perturbatrice est susceptible d'une interprétation que nous ferons en partie en calculant le premier membre de l'intégrale des aires dans le mouvement plan ; on trouve sans difficulté

$$x \frac{dy}{dt} - y \frac{dx}{dt} = r^2 \frac{d\omega}{dt} + \rho^2 \frac{d\theta}{dt} - r\left[\frac{d\rho}{dt} \sin(\omega - \theta) - \rho \frac{d\theta}{dt} \cos(\omega - \theta)\right]$$
$$+ \frac{dr}{dt} \rho \sin(\omega - \theta) + r \frac{d\omega}{dt} \rho \cos(\omega - \theta),$$

d'où, le signe $\sum$ s'étendant à tous les points mobiles,

$$\sum m \left(x \frac{dy}{dt} - y \frac{dx}{dt}\right) = M r^2 \frac{d\omega}{dt} + \sum m_k \rho_k^2 \frac{d\theta_k}{dt},$$

ou bien, en remplaçant $m\rho \frac{d\theta}{dt}$ par sa valeur,

$$\sum m \left(x \frac{dy}{dt} - y \frac{dx}{dt}\right) = M r^2 \frac{d\omega}{dt} + \sum_{1}^{n-1} m_k \rho_k^2 \frac{d\theta_k}{dt} + \rho[S \cos(\omega - \theta) - S' \sin(\omega - \theta)].$$

Mais on a

$$\sum_{2}^{n-1} p_{2+k} = \sum_{1}^{n-1} m_k \rho_k^2 \frac{d\theta_k}{dt} + \rho[S \cos(\omega - \theta) - S' \sin(\omega - \theta)],$$

d'où

$$\sum m \left(x \frac{dy}{dt} - y \frac{dx}{dt}\right) = \sum_{1}^{n-1} p_{2+k} + p_2.$$

L'intégrale des aires est par conséquent, dans le mouvement plan,

$$p_2 + \sum p_{2+k} = C,$$

d'où

$$C^2 - \left(p_2 + \sum p_{2+k}\right)^2 = 0.$$

On peut donc dire que l'un des facteurs du numérateur de la fonction P n'est autre chose qu'une forme particulière du premier membre de l'intégrale des aires.

Pour interpréter l'autre facteur, B, on n'a qu'à se rappeler qu'on a posé

$$B = \sum m (r \sin \omega + \rho \sin \theta)^2,$$

et l'on voit immédiatement qu'il représente la somme des moments d'inertie des différents points mobiles par rapport à la trace du plan qui les contient sur le plan invariable.

Occupons-nous maintenant du dénominateur

$$D = B(M r^2 + L) - (B^2 + B'^2) = B(M r^2 + L - B) - B'^2.$$

Nous avons posé

$$B = \sum m (r \sin \omega + \rho \sin \theta)^2 = \sum m (r^2 \sin^2 \omega + \rho^2 \sin^2 \theta + 2 r \rho \sin \omega \sin \theta),$$

$$B' = \sum m (r \sin \omega + \rho \sin \theta)(r \cos \omega + \rho \cos \theta)$$

$$= \sum m (r^2 \sin \omega \cos \omega + \rho^2 \sin \theta \cos \theta + r \rho \sin \omega \cos \theta + r \rho \cos \omega \sin \theta);$$

mais on a, G étant le centre de gravité,

$$\sum m \rho \sin \theta = 0 \quad \text{et} \quad \sum m \rho \cos \theta = 0;$$

donc

$$B = \sum m (r^2 \sin^2 \omega + \rho^2 \sin^2 \theta),$$

$$B' = \sum m (r^2 \sin \omega \cos \omega + \rho^2 \sin \theta \cos \theta);$$

d'où l'on tire

$$M r^2 + L - B = \sum m (r^2 \cos^2 \omega + \rho^2 \cos^2 \theta).$$

Le dénominateur en question est par conséquent

$$D = \left[\sum m (r^2 \sin^2 \omega + \rho^2 \sin^2 \theta) \right] \left[\sum m (r^2 \cos^2 \omega + \rho^2 \cos^2 \theta) \right] - \left[\sum m (r^2 \sin \omega \cos \omega + \rho^2 \sin \theta \cos \theta) \right]^2,$$

ou bien encore à

$$D = \sum m_i m_k \left[\left(r^2 \sin^2 \omega + \rho_i^2 \sin^2 \theta_i \right) \left(r^2 \cos^2 \omega + \rho_k^2 \cos^2 \theta_k \right) \right.$$
$$\left. - \left(r^2 \sin \omega \cos \omega + \rho_i^2 \sin \theta_i \cos \theta_i \right) \left(r^2 \sin \omega \cos \omega + \rho_k^2 \sin \theta_k \cos \theta_k \right) \right],$$

en convenant que les indices i et k peuvent varier indépendamment l'un de l'autre, et prendre toutes les valeurs possibles depuis 1 jusqu'à n. Cette égalité prend d'ailleurs, après des transformations bien simples, la forme

$$D = \sum m_i m_k \left[r^2 \rho_k^2 \sin \omega \cos \theta_k \sin(\omega - \theta_k) \right.$$
$$\left. - r^2 \rho_i^2 \cos \omega \sin \theta_i \sin(\omega - \theta_i) + \rho_i^2 \rho_k^2 \sin \theta_i \cos \theta_k \sin(\theta_i - \theta_k) \right],$$

ou bien, en remarquant qu'on peut remplacer l'indice i par l'indice k dans le second terme de la parenthèse, et, par suite, réunir en un seul les deux premiers termes,

$$D = \sum m_i m_k \, r^2 \rho_k^2 \sin^2(\omega - \theta_k) + \sum m_i m_k \rho_i^2 \rho_k^2 \sin \theta_i \cos \theta_k \sin(\theta_i - \theta_k).$$

Or, la seconde partie de cette expression peut se décomposer en groupes de deux termes analogues aux suivants, qu'on obtient en donnant à l'indice i une valeur quelconque α et à l'indice k toutes les valeurs possibles, ou bien à l'indice k la même valeur α et laissant i arbitraire,

$$m_\alpha \rho_\alpha^2 \sin \theta_\alpha \sum m_k \rho_k^2 \cos \theta_k \sin(\theta_\alpha - \theta_k),$$
$$m_\alpha \rho_\alpha^2 \cos \theta_\alpha \sum m_i \rho_i^2 \sin \theta_i \sin(\theta_i - \theta_\alpha),$$

dont la somme est, car on ne change rien en appelant i ou k l'indice variable qui est sous le signe $\sum$,

$$m_\alpha \rho_\alpha^2 \sum m_k \rho_k^2 \sin^2(\theta_\alpha - \theta_k),$$

et par conséquent la seconde partie de D équivaut à l'expression

$$\sum m_i m_k \rho_i^2 \rho_k^2 \sin^2(\theta_i - \theta_k),$$

où les indices i et k peuvent prendre toutes les valeurs possibles; donc

$$D = \sum m_i\, m_k\, r^2\, \rho_k^2\, \sin^2(\omega - \theta_k) + \sum m_i\, m_k\, \rho_i^2\, \rho_k^2\, \sin^2(\theta_i - \theta_k),$$

et sous cette forme, l'interprétation de D est évidente :

Il est égal à quatre fois le produit par la masse totale de la somme des produits par les masses correspondantes des carrés des triangles formés par l'origine, le centre de gravité et chacun des points mobiles, plus quatre fois la somme des produits par les deux masses correspondantes des carrés des triangles formés par le centre de gravité et deux quelconques des points mobiles.

Ainsi se trouve généralisé le résultat obtenu par Bour. Dans le cas particulier qu'il a traité, la seconde partie de D est nulle, et la première se met aisément sous la forme

$$m_1\, m_2\, S^2,$$

où l'on appelle S la surface du triangle formé par les Trois corps, et sous laquelle Bour l'a trouvée.

Remarquons enfin, pour terminer cette discussion, que, dans le mouvement plan, l'intégrale des aires permettra très-facilement d'éliminer une des variables indépendantes, parce qu'en posant $\omega - \theta_{n-1} = \alpha$, on aura, dans la fonction des forces, une variable indépendante de moins que dans la demi-force vive. Nous ne développerons pas le calcul, qui n'offre aucune difficulté.

§ III.

Il nous reste maintenant à développer une conséquence des intégrales des aires relative au volume engendré par le triangle qui a son sommet à l'origine et pour base la droite mobile, dans le cas où tous les points sont assujettis à rester en ligne droite.

L'équation du plan mobile à une époque quelconque est, comme on le vérifie aisément,

$$\tan g\, i\, (x \sin\varphi - y \cos\varphi) - z = 0,$$

et les coordonnées du centre de gravité du système des points mobiles

(82)

sont alors

$$x = r(\cos\omega \cos\varphi + \sin\omega \sin\varphi \cos i),$$
$$y = r(\cos\omega \sin\varphi - \sin\omega \cos\varphi \cos i),$$
$$z = r\sin\omega \sin i.$$

Les accroissements de ces coordonnées correspondant à un accroissement dt du temps sont

$$dx = dr(\cos\omega \cos\varphi + \sin\omega \sin\varphi \cos i) - rd\omega(\sin\omega \cos\varphi - \cos\omega \sin\varphi \cos i)$$
$$- rd\varphi(\cos\omega \sin\varphi - \sin\omega \cos\varphi \cos i) - rdi \sin\omega \sin\varphi \sin i,$$

$$dy = dr(\cos\omega \sin\varphi + \sin\omega \cos\varphi \cos i) - rd\omega(\sin\omega \sin\varphi - \cos\omega \cos\varphi \cos i)$$
$$+ rd\varphi(\cos\omega \cos\varphi + \sin\omega \sin\varphi \cos i) + rdi \sin\omega \cos\varphi \sin i,$$

$$dz = dr\sin\omega \sin i + rd\omega \cos\omega \sin i + rdi \sin\omega \cos i.$$

Nous pouvons alors trouver la distance infiniment petite δ du centre
de gravité au plan mobile dont l'équation est écrite plus haut; il vient,
en appliquant la règle connue qui donne la distance d'un point de l'espace à un plan passant par l'origine des coordonnées,

$$\delta = - r(d\varphi \cos\omega \sin i + di \sin\omega),$$

ou bien, en remplaçant $d\varphi$ et di par leurs valeurs tirées des équations
(12) et (13),

$$\delta = \frac{r A \sin i}{(B^2+B'^2)\cos i} \left(\sin\omega \sum m\rho^2 \sin\theta \cos\theta - \cos\omega \sum mr^2 \sin^2\theta\right) dt,$$

et, en tenant compte de la relation (14),

$$\delta = \frac{Cr\sin i \left(\sin\omega \sum m\rho^2 \sin\theta \cos\theta - \cos\omega \sum m\rho^2 \sin^2\theta\right)}{B(Mr^2 + L) - (B^2 + B'^2)} dt.$$

Supposons maintenant que tous les points sont en ligne droite et appe-
lons θ l'angle que fait cette droite avec OR, il vient

$$\delta = \frac{Cr\sin i \, L\sin\theta \sin(\omega - \theta)}{B(Mr^2 + L) - (B^2 + B'^2)} dt.$$

Mais on a, dans ce cas,

$$B(Mr^2 + L) - (B^2 + B'^2) = Mr^2 L\sin^2(\omega - \theta),$$

donc

$$\delta = \frac{C \sin i \sin \theta}{M r \sin(\omega - \theta)}\, dt,$$

et cette relation peut s'écrire

$$r \,\delta \sin(\omega - \theta) = \frac{C}{M} \sin \theta \sin i \, dt,$$

ou bien, en multipliant les deux membres par l qui représentera à chaque instant la distance des points extrêmes,

$$\delta \, r l \sin(\omega - \theta) = \frac{C}{M} (l \sin \theta) \sin i \, dt.$$

Or, cette formule est susceptible d'une interprétation remarquable dans le cas où le centre de gravité du système est constamment au milieu de la droite mobile. Dans ce cas, en effet, δ est les $\frac{3}{2}$ de la distance du centre de gravité du triangle mobile dans l'une quelconque de ses positions à la position infiniment voisine de ce plan ; $r l \sin(\omega - \theta)$ est la surface de ce triangle ; donc $\delta r l \sin(\omega - \theta)$ est les $\frac{3}{2}$ de l'accroissement du volume engendré par le triangle mobile ; car on peut considérer cet accroissement de volume, en négligeant les infiniment petits du second ordre comme un tronc de prisme triangulaire ayant pour bases les deux positions infiniment voisines du triangle. Si donc on appelle dv l'accroissement du volume, il vient

$$dv = \frac{2}{3} \frac{C}{M} l \sin \theta \sin i \, dt,$$

ce qui prouve que, dans les conditions où nous nous plaçons, et qui seront réalisées, par exemple, s'il s'agit d'une droite solide mobile dont le centre de gravité est en son milieu, ou bien d'un système de deux points de même masse :

L'accroissement du volume engendré par le triangle mobile est à chaque instant proportionnel à l'accroissement du temps, au sinus de l'angle que fait le triangle avec le plan invariable et à la projection de la droite mobile sur une perpendiculaire au rayon vecteur du centre de gravité.

On peut donner un autre énoncé de ce théorème, en y introduisant l'angle que fait la droite mobile avec le plan invariable. On a, en effet, en appelant α cet angle,

$$\sin \alpha = \sin \theta \sin i,$$

en vertu d'une propriété des triangles sphériques rectangles ; donc

$$dv = \frac{2}{3} \frac{C}{M} \, l \sin \alpha \, dt ;$$

donc on peut encore dire :

L'accroissement du volume est proportionnel à l'accroissement du temps et à la projection de la droite mobile sur une perpendiculaire au plan invariable.

La condition pour que ce volume s'accroisse proportionnellement au temps est donc que la projection de la droite sur une perpendiculaire au plan invariable soit constante.

Vu et approuvé.

Le 21 avril 1868.

Le Doyen de la Faculté des Sciences,

MILNE EDWARDS.

Permis d'imprimer.

Le 22 avril 1868.

Le Vice-Recteur de l'Académie de Paris,

A. MOURIER.

Paris. — Imprimerie de GAUTHIER-VILLARS, successeur de MALLET-BACHELIER,
Rue de Seine-Saint-Germain, 10, près l'Institut.

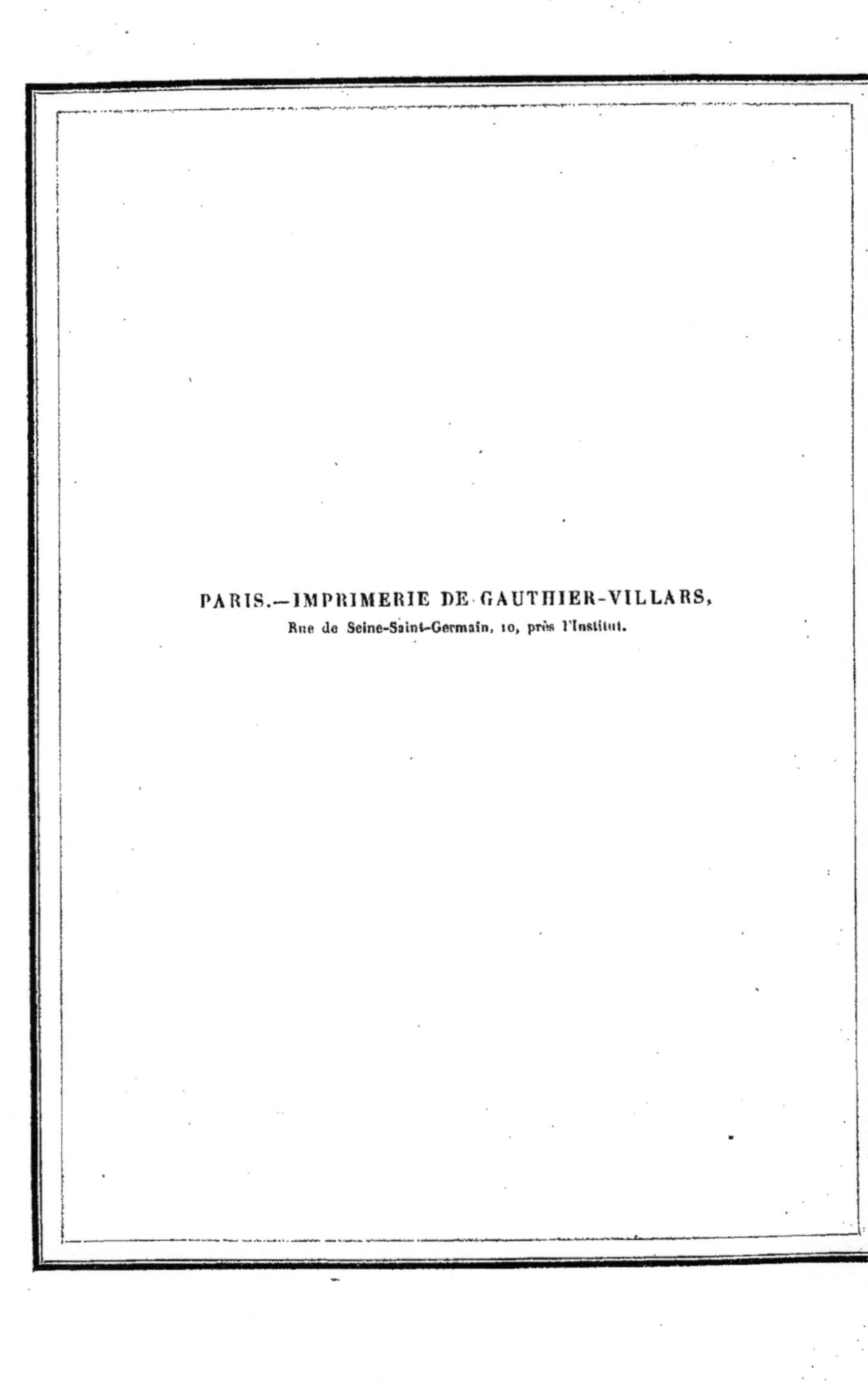

PARIS.—IMPRIMERIE DE GAUTHIER-VILLARS,
Rue de Seine-Saint-Germain, 10, près l'Institut.

www.ingramcontent.com/pod-product-compliance
Ingram Content Group UK Ltd.
Pitfield, Milton Keynes, MK11 3LW, UK
UKHW020331130726
13696UKWH00003B/1287